clave

Miguel Ángel Montero. Funcionario docente, que le ha permitido aprender de la sabiduría de los niños; licenciado en Antropología, su estudio le sirvió para analizar a los humanos y tratar de entenderlos; viajero compulsivo, recorriendo más de sesenta países ha podido descubrir otras formas de concebir la vida.

Basándose en sus experiencias y estudios, durante muchos años ha investigado la conducta y los esquemas mentales para descubrir los principales secretos que marcan la diferencia entre existir y vivir. En su prosa trata de transmitirlos a través de historias que persiguen enseñar, entretener y emocionar, mostrando lo «invisible»: aquello que no puede verse, solo se siente.

Su primera novela, *El hombre que tenía miedo a vivir*, supuso un rotundo éxito de ventas y alcanzó reconocimiento internacional, con traducciones a múltiples idiomas.

Otros títulos del autor son *Un café a solas*, *Cuentos y preguntas para vivir despiertos* y *Lo que eres*, que han consolidado su trayectoria literaria, conectando su obra con lectores de todo el mundo. Montero continúa su trayectoria literaria con *La mujer que apagó su música* (Aguilar, 2025).

www.miguelangelmontero.com

MIGUEL ÁNGEL MONTERO

El hombre que tenía miedo a vivir

DEBOLS!LLO

Papel certificado por el Forest Stewardship Council®

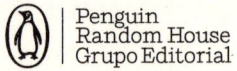

Primera edición en esta colección: junio de 2025

© 2018, Miguel Ángel Montero Sánchez
© 2025, Penguin Random House Grupo Editorial, S. A. U.
Diseño de la cubierta: Penguin Random House Grupo Editorial
Imagen de la cubierta: composición fotográfica a partir de las imágenes de © Shutterstock
y © Getty Images, basada en la imagen original de © Sergey Nivens/123RF.COM

Printed in Spain – Impreso en España

ISBN: 978-84-663-7965-6
Depósito legal: B-6.266-2025

Compuesto en Fotocomposición gama, sl
Impreso en Black Print CPI Ibérica
Sant Andreu de la Barca (Barcelona)

P 3 7 9 6 5 6

A mi primer maestro

Es tu camino y solo tuyo.
Otros pueden caminar contigo,
pero nadie puede caminarlo por ti.

RUMI

Introducción

El hombre que tenía miedo a vivir está escrito en primera persona principalmente porque se trata de una historia personal, que podría haber sido la mía —también la tuya—, aunque no es el caso, ni siquiera me identifico con el protagonista, solo se trata de una historia ficticia que podría ser auténtica, y unos personajes inventados que existen en la vida real, se encuentran en cualquier parte, aguardando a que abras los ojos para verlos.

Nací en el seno de una familia maravillosa, y eso me facilitó tener una infancia feliz —como la mayoría de los niños que nacen en el mismo contexto—. Mi juventud también fue una etapa próspera, con pocas preocupaciones y mucho tiempo libre. En cambio, cuando llegué a la edad adulta, advertí que aparecían elementos nuevos de los que nunca había tenido constancia. Asumí que existían una serie de conceptos novedosos que amenazaban mi seguridad: problemas, enfermedades, dinero, frustración, trabajo, rencor, miedo, decepciones…, muerte. Este último componente había pasado desapercibido previamente. Cuando me convertí en adulto, fue cuando comprendí que la vida tiene fecha de caducidad, que mi existencia y la de las personas que quería eran perecederas. Había un fin que podía llegar en cualquier momento y, aunque no sabía cuándo, sin duda iba a llegar.

Con estos nuevos inquilinos instaurados en mi mente resultaba complicado ser feliz, el mundo ya no era tan maravilloso como en etapas anteriores, el pesimismo ganaba espacio en mi interior. Durante años, la visión negativa predominó en mis pensamientos. No albergaba motivos para sentirme desdichado, no obstante, creía que me faltaba algo.

En un mundo dominado, muchas veces, por la queja, el victimismo, el enfado, la apatía y el temor, percibí que existían ciertas personas que eran inmunes a estos sentimientos, seres sorprendentes que afrontaban las adversidades con una sonrisa como arma.

Quise saber más acerca de ellos, deseaba averiguar qué les hacía diferentes del resto, cuál era su antídoto para eludir la negatividad.

Al principio, fue inevitable caer en el error de pensar que aquellos a los que, supuestamente, mejor les iba en la vida eran más felices, ya que parecía un razonamiento obvio. Sin embargo, mi hipótesis se derrumbó rápidamente, comprobando que esta máxima pocas veces se cumplía. El grado de felicidad no es proporcional al número de posesiones que uno tiene.

Viajando por todo el mundo, descubrí con satisfacción que, aunque pueda parecer que se trata de una especie en peligro de extinción, existen en cualquier lugar del planeta, los puedes encontrar en tu ciudad y a diez mil kilómetros de distancia. Es indiferente que hablen otro idioma, no importa que sus circunstancias sean muy diferentes a las tuyas, da igual lo «mucho» o lo «poco» que tengan, todos comparten el mismo denominador común: «viven».

Desde que conseguí identificarlos, me propuse aprender todo lo que pudiera sobre estos individuos privilegiados para ser como ellos en la medida de lo posible, y la única manera de conseguirlo era estudiar, analizar y conocer a la gente feliz.

¿Quiénes son? ¿Cuál es su secreto? ¿Cómo lo consiguen? ¿Cómo son capaces de no contagiarse de pesimismo? ¿Qué les hace resistentes? ¿Por qué consiguen mantener la calma en medio de las turbulencias? ¿Cómo pueden animarte solo con escucharles? ¿Por qué hacen la vida sencilla? ¿De dónde sacan su energía? ¿Por qué no se quejan nunca? ¿Por qué parece que no tengan problemas? ¿Cuál es el motivo de su inquebrantable alegría?

Con asombro, descubrí que las claves para ser como ellos estaban al alcance de cualquiera, era un fin mucho más factible de lo esperado. Por eso, quiero compartir en esta historia algunos de los conocimientos que he adquirido estudiando a este selecto grupo que constituye la élite humana, y espero contribuir a que averigües, por ti mismo, que todo lo que necesitamos para ser felices, en realidad, ya lo tenemos. Algo tan aparentemente sencillo tardé varios años en comprenderlo... Quizá, lo sencillo no lo es tanto cuando nadie te lo enseña.

EL AUTOR

Capítulo I

PRÓLOGO
25 años después...

Son las siete de la mañana, casi he terminado. Rebusco en mi mente las últimas frases que rematen un acertado final mientras desayuno apoyado en un barril de madera de una bonita taberna que recrea lo que parece un escenario medieval, con grandes y redondas lámparas colgando del techo, candelabros en las mesas, ventanas de madera rústica, fachada de piedra, chimenea...; cada elemento está colocado en el sitio exacto, nada es aleatorio, como sucede con este lugar en general, que parece creado para ser expuesto, un verdadero museo al aire libre.

Apuro el último sorbo de café y, con emoción, rubrico el último punto..., el punto y final. Mis lágrimas golpean el texto, comprobando cómo la tinta se desvanece. Antes de que la humedad ocasione mayor deterioro, cierro la libreta, mi compañera. Durante varios meses hemos estado unidos. Le he contado mis secretos —o, mejor dicho, nuestros secretos—, me ha escuchado y me ha permitido sellar mi impronta en sus hojas.

Aprieto con fuerza los cordones de mis botas, ajusto la liviana mochila a mi espalda y me preparo para emprender la marcha. Estoy listo para comenzar este camino, con ilusión por lo que me aguarda, aunque también con pena, mucha pena, porque será la última vez que estaré a tu lado.

Me aparto de la senda para avanzar hacia el lugar que escogiste. Con paso acompasado, transito unos trescientos metros, hasta que llego al punto de origen y de final. Contemplo lo que tengo delante y mis ojos hablan, me emociono. Es tal y como tú me lo habías descrito, parece que esta visión no fuera nueva para mí.

Llega el momento de la despedida y, aunque será rápida, cuesta separarme de ti, duele soltarte de mis manos y dejar que desaparezcas.

Un efímero adiós y te alejarás de mí nuevamente, en esta ocasión para siempre... ¿Para siempre? Nadie se va para siempre.

Capítulo II

EL FIN

La ciudad se vislumbraba oscura y plácida, con la quietud propia de la madrugada. ¿Dónde quedó el molesto vaivén de coches, el bullicio de la gente o el estrépito de las sirenas? Todo a mi alrededor respiraba calma, solo había paz.

Posiblemente, estaba experimentando la mejor sensación de los últimos años, paradójicamente, justo ahora. Lo cierto es que, de forma incomprensible, me encontraba genial, no había dudas en mi cabeza, estaba a gusto y, lo que es más difícil de encajar, no sentía miedo.

Pensé que sería diferente, me lo imaginé de otra manera. Supongo que siempre es así, tendemos a imaginar las cosas de la forma en la que luego no suceden. La realidad es diferente cuando la enfrentas, nada tiene que ver con tu mente, la realidad es una cosa y tu mente, otra. ¡Ojalá hubiera aprendido antes esto!

Desde aquí, todo era más sencillo: lo que veo simplemente es lo que es, no hay más. Ya no necesitaba interpretar la realidad a mi manera: el árbol que está a mi derecha es solo un árbol, las piedras que me rodean son solo piedras, el cielo es el cielo y yo soy yo. Parecía obvio; pero comprender esto previamente habría evitado muchos males en mi vida.

En fin, para qué pensar más, llevaba toda mi vida haciéndolo y no me había servido de nada..., bueno, sí, para estar ahora sentado en esta repisa, con los pies balanceándose sobre el vacío, a escasos centímetros de mi última caída.

Mi vida nunca llegó a funcionar. Cuando me levantaba de un duro golpe, otro certero batacazo me noqueaba dejándome peor de lo que estaba. Esa era mi historia, un cúmulo de fracasos continuados, la novela del perdedor. A veces, me preguntaba cómo pude hacerlo tan mal. Realmente, tenía mérito dejar escapar tantas oportunidades, crear destrucción a mi paso, poseer tanto como poseía y tirarlo a la basura. Estupidez y mala suerte, ese era el cóctel que me había empujado hasta aquí.

Conforme pensaba en esto, comencé a sentir un hormigueo en mis pies que iba subiendo hasta recorrer mi pecho, donde dejaba de ser un hormigueo para convertirse en un nudo angustioso que me oprimía, oscilando de forma caprichosa hasta provocar una asfixia insoportable, la misma asfixia que llevaba años ahogándome.

En cualquier caso, lo importante era que muy pronto estaría bien. Ya no tendría que preocuparme por este desasosiego que me acompañaba fielmente de forma inalterable, por fin sería libre.

El pasado se me antojaba lejano y, al mismo tiempo, lo apreciaba muy próximo. Tenía una sensación extraña, por un lado era como si hiciera demasiado tiempo de todo, parecía que hubiera vivido ochenta años en lugar de cuarenta y uno. ¡Se me habían hecho tan largos los últimos años! Sin embargo, recordaba ciertos periodos como si fueran muy recientes, por ejemplo, mi niñez: la maravillosa etapa en la que los besos curan heridas y el llanto concede deseos, el periodo en el que todo es posible... Qué lejos quedaban esos instantes y qué cerca los percibía.

Me encantaba ir al cole; al contrario que muchos compañeros, yo sí lo encontraba divertido. No era porque me gustara estudiar, solo que me agradaba el ambiente de la escuela: mi madre llevándome de la mano, mis amigos de la infancia, las manualidades, el recreo, incluso mis profesores..., todo merecía la pena. Una vida centrada en la satisfacción personal, así podría definirse. Lo más importante eras tú mismo, las demás personas existían para complacerte a ti. No había preocupaciones, miedos, problemas, inseguridades, y cuando existían, allí estaban tus padres o el maestro para solucionarlo. Qué periodo tan extraordinario, centrado en el juego, la ilusión y el entusiasmo. La vida era una sorpresa continua, todo era novedad. El simple hecho de ir a un parque resultaba emocionante, y si un día tenía una excursión, aunque fuera a pocos kilómetros de distancia, el día anterior no dormía pensando en ello.

Recuerdo que me levantaba por las mañanas pleno de energía, ansioso por comenzar un nuevo día. Lo

17

primero que hacía era ir a la cama de mis padres, pues me despertaba muy temprano. Con mucho sigilo me metía entre las sábanas y me situaba en medio de ambos. Ahora sé que disimulaban y sabían perfectamente que estaba allí junto a ellos, pero me encantaba pensar que no se enteraban y, en aquel momento, estaba convencido de que era un maestro del silencio.

De la misma forma, cuando se despertaban, rápidamente me hacía el dormido, mientras ellos simulaban: «Vamos, Marcos, despierta»; «vaya, pobrecillo, se ha quedado frito», decían burlonamente, y a mí me provocaba muchísima risa esa situación.

¿En qué momento perdemos esa inocencia? ¿Cuándo decidimos que la vida hay que tomarla en serio?

En la infancia no hacía falta ser correcto, no era necesario fingir, las cosas eran como las veíamos, y si otro niño era feo o gordo, no había problema en decírselo; si no sabía jugar al fútbol, lo poníamos de portero; si tenía piojos, era un piojoso... ¿Crueles o sinceros? Ojalá a mí me hubieran tratado con sinceridad de adulto, en lugar de decirme lo que quería oír y aplaudir mis estupideces.

Podíamos herir a veces, aunque sobre todo sabíamos amar; besábamos continuamente; decir «te quiero» eran las palabras más sencillas de pronunciar; sabíamos perdonar; un enfado duraba minutos y, si alguien nos hacía una mueca, nuestro llanto cambiaba automáticamente a una carcajada.

Lo que más me gustaba era la ausencia de rencor; una vez pasado el enfado, todo volvía a la normalidad.

Era increíble poder perdonar en cuestión de minutos, olvidar al instante y vivir sin resentimiento. Podía evocar a mi maestra reñirme, castigarme incluso, y llorar amargamente por ello. Veinte minutos después, ya estaba abrazándola como si nada hubiera sucedido.

Los amigos eran incondicionales, no había normas en la amistad. Llegabas a un parque y, directamente, todos los niños que estábamos allí ya nos convertíamos en amigos de forma automática, sin presentaciones previas. Terminado el juego, nos despedíamos sin más, y a veces ni eso, no importaba que no volviéramos a vernos, en ese instante nos fuimos útiles mutuamente, nos servimos unos de otros, y ese fue el simple vínculo que nos unió, porque cuando eres niño las personas están para ayudarte y forman parte de tu universo; las personas no nos pertenecen, únicamente disfrutamos de ellas.

El frío comenzaba a intensificarse y mi ligera chaqueta de lino poco hacía para protegerme de las ráfagas de viento que serpenteaban rápidamente, produciendo un silbido que perturbaba el etéreo silencio que me envolvía.

Metí la mano en mi bolsillo para sacar una pequeña petaca, abrí el tapón y tomé un buen trago de whisky. El alcohol había sido mi más fiel compañero últimamente; al menos lograba aminorar mis penas y alentarme durante un rato. Aunque ya ni siquiera el alcohol me podía animar. Mi cuerpo debía de haberse acostumbrado, o quizá mis penas eran mayores cada vez, resultando imposibles de paliar.

Había llegado el momento. Inspiré una gran bocanada de aire y, tras una prolongada pausa sin hálito, descargué bruscamente mis pulmones. Miré a mi alrededor escrutando cada rincón, no quería perderme ningún detalle. De repente, sentí nostalgia, no sabía bien por qué, puesto que era lo que deseaba. No obstante, pensar que sería el último contacto con el mundo, la última imagen que visualizaría, lo hacía un instante especial, único, sublime.

Se me habían adormecido las piernas, ya que había permanecido mucho tiempo en la misma postura. Miré mi reloj: las dos de la madrugada. Era más tarde de lo que pensaba. No sabía cuánto tiempo llevaba allí, posiblemente dos horas, quizá tres..., poco importaba.

Cómo se llega a esta situación es una cuestión difícil de explicar, ni siquiera yo podía comprenderlo, solo sabía que era lo que quería. ¿Cobarde o valiente? Para los demás no lo sé; en mi opinión, sin duda un cobarde es lo que era, y lo más triste es que me daba igual ser así recordado.

De repente, me vino a la cabeza la imagen de mi madre. Fue como un destello, la vi sentada en su sillón haciendo ganchillo, como solía hacer cada tarde. Estaba joven y guapa, su rostro desprendía un brillo especial, podía percibirla como si estuviera aquí. ¡Cómo la he echado de menos!

Una lágrima resbaló por mi mejilla, secada por el viento de forma fugaz. No podía pensar en mi madre sin emocionarme, puesto que ella fue la única persona que me quiso en esta vida. Me dio todo su amor de

20

forma incondicional, como lo hacen las madres, sin pedir nada a cambio, sin esperar gratitud. Era difícil saber si mi destino sería diferente de seguir ella junto a mí; tampoco merece la pena buscar explicaciones, eso no cambiaría nada..., el presente es el que es, no se puede alterar.

Las circunstancias que me condujeron hasta aquí ya no tiene sentido rememorarlas, han sido tantas que no sabría por dónde empezar. Estaba tan agotado que ni siquiera me arrepentía de nada, lo aceptaba como un fracaso general, simplemente salí derrotado de la vida, jugué mal y perdí. Pensar ahora qué podría haber hecho y no hice o por qué no había sido capaz de aprender sería un absurdo planteamiento.

Apoyé las manos sobre el cemento que me sostenía, flexioné mis rodillas e, impulsándome con fuerza, me puse en pie ágilmente. Realmente, lo hice de forma automática, sin darme cuenta de lo que estaba haciendo. Mi mente, abstraída, parecía no haber dado ninguna orden. Como si el cuerpo hubiera decidido actuar por su cuenta, sin el consentimiento de mi cerebro, me alcé sobre la reducida repisa que apenas albergaba espacio para los pies. Mantuve la mirada firme hacia el horizonte, no quería avistar lo que había debajo de mí. Respiré profundamente una vez, después otra, y una tercera vez, terminando con una exhalación pronunciada. Cerré los ojos y, mentalmente, inicié una cuenta atrás: cinco, cuatro, tres, dos, uno...

Capítulo III

EL ENCUENTRO

—¿De verdad eres tan estúpido? —Oí una potente voz, justo detrás de mí.

Sobresaltado, me giré rápidamente y estuve a punto de caer de forma involuntaria.

—Para estar dispuesto a morir, te espantas con facilidad —pronunció el extraño semblante que pude divisar.

Se trataba de un hombre ataviado con una gabardina y un sombrero, que apenas dejaban ver su cara. Se intuía un varón de unos sesenta años, aunque su frondosa barba tampoco aportaba demasiada luz al respecto.

—¿Quién es usted? —increpé—. ¡Márchese de aquí!

El hombre ni se inmutó, permaneció inmóvil, mirando al suelo. Mantuvo el silencio durante unos segundos y volvió a cuestionar.

—¿Por qué tienes miedo a vivir?

Esa pregunta explotó en mi interior; no solo me estaba molestando, sino que tenía que estar soportando su interés..., lo que menos necesitaba en este momento.

Estuve cerca de reaccionar de forma impulsiva y contestarle groseramente, no obstante, mantuve un

23

poco de calma y logré tener el autocontrol suficiente para no responder, girándome de nuevo a la posición original, ofreciéndole mi espalda.

—¿Es por un tema amoroso? ¿No me digas que te ha dejado tu mujer? —continuó preguntando, ajeno a mi indiferencia.

Mi enojo proseguía en aumento, aunque mantuve el mutismo y la misma posición.

—¿Quizá la cuestión es económica? —insistió—. ¿Te has arruinado?

Esta vez sí que no pude contener mi furia. Estaba en un momento íntimo, un instante solo para mí, en el que quería despedirme a mi manera, de forma tranquila, sosegada, disfrutándolo incluso, y este inepto lo había fastidiado, había estropeado mi deseo.

Motivado por la ira, de un salto abandoné el soporte en el que me apoyaba. Me acerqué hacia él y, agarrándolo de las solapas de la gabardina, lo zarandeé enérgicamente.

—¡Lo hago por todo! —grité—. ¡Mi vida es un desastre! —continué vociferándole a la cara—. Además, tiene usted razón, no tengo dinero y mi mujer me dejó. ¡¿Qué más quiere saber?!

El hombre, con sus manos, me empujó suavemente en el pecho, consiguiendo que me desplazara lo suficiente para soltarle. Tranquilamente, arregló el cuello de su gabardina, sacudió las mangas y se dio la vuelta.

—Puedes seguir con tu propósito, si es lo que deseas —pronunció al tiempo que iniciaba su marcha alejándose de mí.

24

Me quedé desconcertado, viéndolo caminar. Posiblemente, me había excedido en mi reacción; tampoco tenía ningún derecho a tratarlo así, solo porque me molestara su presencia. Por un lado, había conseguido lo que quería, y ese impertinente hombre se estaba apartando de aquel lugar, permitiéndome retomar lo que había dejado inacabado. Sin embargo, noté una punzada de remordimiento que me hizo actuar imprevistamente. Tal vez no quería terminar mi existencia con una actitud hostil.

—¡Espere! —exclamé.

Inmediatamente, el hombre se detuvo y, sin mover su torso, giró la cabeza hacia atrás. Caminé la corta distancia que nos separaba y, ya frente a frente, le pedí disculpas.

—Siento haberme comportado así, no debí haberlo hecho.

El hombre sonrió ligeramente, aunque no dijo nada, quedó pensativo, ensimismado. De pronto, comenzó a hablar.

—Hace poco estuve en un zoo donde convivían diversos animales procedentes del continente africano. Habían intentado recrear su hábitat y la verdad es que, más o menos, lo lograron...

—Un momento —interrumpí—. ¿Eso qué tiene que ver ahora?

No podía dar crédito, hacía unos minutos estaba a punto de lanzarme al vacío y, en estos momentos, me encontraba escuchando a un tipo que no conocía de nada, hablando sobre un zoo.

—Déjame que continúe y lo entenderás —respondió.

Tal vez por cansancio, tal vez por curiosidad, permití que lo hiciera.

—Había jirafas, tigres, leopardos, lémures, gacelas…, animales muy bellos. En cambio, lo que más me llamó la atención fue un rinoceronte, en concreto un rinoceronte blanco. No fue su aspecto lo que me sorprendió, sino su actitud. Observé que caminaba, incesantemente, dibujando un círculo, siempre en la misma trayectoria, siempre realizando la misma órbita imaginaria. No entendía la razón, puesto que el espacio del que disponía era inmenso. Sin embargo, apenas utilizaba una reducida zona, como si estuviese atado a un palo que hiciese de eje y solo le permitiera avanzar en círculo, como si no hubiera otro camino que recorrer.

Aunque aparentaba desidia, lo cierto es que le escuchaba con atención.

—Después de contemplarlo durante un largo rato, dominado por la intriga, busqué a uno de los cuidadores del zoo y le pregunté cuál era el motivo de los movimientos circulares del rinoceronte. El cuidador me contó que ese rinoceronte había estado veintitrés años en un recinto circular de dieciocho metros de diámetro, donde solamente podía desplazarse de esa manera. Por tanto, seguía reproduciendo los mismos movimientos, a pesar de que la ubicación era distinta y ahora gozaba de muchísimo más espacio… ¿Entiendes lo que pretendo explicarte? —concluyó.

Estaba confuso, la verdad es que no tenía idea de

lo que significaba esa historia, así que, simplemente, negué con la cabeza.

—El rinoceronte era libre y seguía siendo prisionero de su mente, de lo que había hecho siempre. Tenía la salida delante de él y no la encontraba, empeñándose en hacer una y otra vez lo mismo, sin ser capaz de hallar otro camino, de cambiar su conducta, de hacer algo por variar su destino. Tenía frente a sus ojos un espacio enorme para disfrutar, no obstante, era incapaz de verlo, pensaba que no podía ser de otra manera..., exactamente igual que tú —sentenció.

Me quedé bloqueado, sin saber bien qué responder, no esperaba esa conclusión.

—Bueno, tampoco me conoce como para opinar sobre mí —titubeé defendiéndome.

—No te conozco, simplemente sé que quieres quitarte la vida, esa información me dice bastante sobre ti.

«Quitarte la vida», me sonó bastante fuerte esa expresión, aunque realmente tenía razón, era a lo que había venido.

—Imagino que piensas que la vida te ha tratado mal —continuó argumentando—, que no merece la pena seguir sufriendo, que este mundo es un infierno y que es mejor salir huyendo. Te quejas de tus desgracias, de tu mala suerte, aunque no mueves un solo dedo para cambiar el devenir de los acontecimientos, prefieres quejarte a actuar, rendirte a luchar.

—¡Es fácil juzgar desde fuera! —pronuncié enfadado—. ¿Cree que a mí me gusta acabar así? No lo he elegido.

27

—Sí lo has elegido, aquí has venido tú solito. Cada persona elige su propio destino.

—¡Eso es una estupidez! La vida me ha ido golpeando y quitando todo lo que tenía. Sé que he cometido muchos errores que han condicionado las circunstancias, pero no todo ha sido consecuencia de mis actos.

—Te equivocas, casi todo es consecuencia de tus actos, eres el principal responsable de las cosas que te suceden en la vida. En el momento en que entiendas esto, tu vida cambiará.

—Mi vida cambiará dentro de unos minutos, cuando termine lo que tengo pendiente —sentencié altivo.

El hombre quedó pensativo, como ya había hecho en otras ocasiones. Su cabeza permanecía erguida, apuntando sus ojos hacia los míos de forma imperturbable, con una mirada que, realmente, intimidaba. Después del suspense, continuó hablando.

—Dime una cosa, ¿cuánto tiempo llevas así?

Esa pregunta me dolió, puesto que me obligaba a recordar un pasado que quería enterrar hoy. No obstante, la respuesta era fácil.

—Unos tres años.

—Y en esos tres años, ¿no hay nada bueno que te haya sucedido?

—Nada —respondí sin vacilar.

—Entonces ¿por qué sigues haciendo todos los días lo mismo y esperas un efecto distinto? Si en tres años no te ha pasado nada bueno, quizá deberías probar a hacer las cosas de otra manera.

28

Ese hombre, que acababa de conocer, me estaba juzgando de forma continuada, algo que por un lado me incomodaba aunque, por otro lado, me intrigaba saber su parecer.

—¿Y qué se supone que tendría que hacer según tú? —pregunté.

—Me alegro de que ya me tutees —advirtió, sonriendo—. Cuando no funciona correctamente el ordenador, ¿qué es lo que hacemos?

Dudé durante unos segundos y, después, respondí con otra pregunta.

—¿Reiniciarlo?

—Para un problema leve esa puede ser la solución —afirmó—. Sin embargo, yo me refiero a algo más profundo, una complicación integral, es decir, se queda bloqueado, no ejecuta las órdenes que le damos o está infectado de múltiples virus. En ese caso, ¿qué tendríamos que hacer?

Volví a pensar y recordé lo que había hecho unas cuantas veces, cuando mi ordenador estaba tan dañado que un antivirus no era suficiente para repararlo.

—¿Formatearlo? —volví a preguntar.

—¡Exacto! —expresó, mostrando satisfacción—. Cuando un ordenador es incapaz de procesar adecuadamente y hemos probado otras medidas sin lograr hacerlo funcionar, es necesario un cambio total, una decisión de mayor dimensión...: formatearlo o restaurarlo.

—Muy bien, ¿pero eso qué tiene que ver ahora? —cuestioné.

—Quiero que entiendas la similitud —respondió—. Puesto que tú tienes que hacer lo mismo: restaurar tu mente.

—¡¿Restaurar mi mente?! —esbocé, soltando una carcajada, ya que me parecía ilógico.

—Así es —continuó—. Debes vaciar tu mente, eliminar todo lo que te está perturbando e impidiendo el correcto funcionamiento, dejarla limpia, apartar el contenido que no solo no te sirve, sino que te está perjudicando. Este sería el primer paso, necesario e imprescindible para pasar a la segunda acción, que es la de reprogramar.

—¿Reprogramar? —expresé extrañado—. ¿Qué eres? ¿Informático? —cuestioné irónicamente.

Sin atender mis objeciones, continuó explicando su particular teoría.

—Una vez que has limpiado tu mente, se requiere un proceso de reestructuración mucho más profundo. Reprogramar consiste en cambiar tus esquemas mentales, reemplazar casi todo lo que has aprendido: tus creencias, señas de identidad, valores, lo que la sociedad te ha impuesto, tu manera de pensar, tu forma de actuar, tus sentimientos..., hasta lograr volver a un estado natural y empezar de cero, como cuando eras un niño.

»Un niño nace sin miedos, sin limitaciones mentales, nace libre y se atreve con todo. Hasta los tres años todo es descubrimiento, ilusión e interés hacia lo que le rodea, tiene ganas de aprender, de conocer, de explorar el mundo en el que vive.

»Entre los tres y los seis años, el aprendizaje continúa, aunque ya se conoce un porcentaje muy grande de lo existente, por lo que el factor sorpresa va disminuyendo. No obstante, el mundo sigue siendo un lugar maravilloso donde habitar, y a esa edad se disfruta con cualquier cosa, manteniéndose la ilusión.

»Entre los seis y los doce años comenzamos a llenar nuestra mente de todo lo que vemos y los demás nos enseñan: maestros, padres, abuelos, medios de comunicación y demás entes sociales. El niño empieza a tener miedos, dudas sobre sí mismo; lo que antes era una capacidad ilimitada empieza a tornarse finita. Ya no ve el mundo solo a través de sus ojos, como sucedía anteriormente, sino que empieza a verlo condicionado por los demás: "Esto se hace, esto no; esto es correcto, esto otro no lo es; esto puedes, esto no puedes". Su libertad disminuye y la seguridad que tenía en la etapa anterior va menguando. El niño deja de confiar tanto en sí mismo y queda a expensas de los demás, procura actuar de acuerdo con lo que se espera de él, comenzando el proceso de adoctrinamiento para ser un prototipo de persona ejemplar.

»Entre los doce y los dieciocho años es una etapa rebelde en muchos casos, un caos a veces, porque el adolescente está tan perdido que, en algunas ocasiones, no sabe ni quién es. Lo más importante es encajar, formar parte de un grupo social; por esto, algunos dicen que se produce una crisis de identidad. En esta etapa, el adoctrinamiento ya se ha materializado, sabe perfectamente lo que es correcto y lo que no lo es, aunque a veces actúe a contracorriente, movido por la confusión y también por una oposición subversiva contra el orden y lo establecido.

»Cuando llegas a la edad adulta, las experiencias son muy dispares, dependiendo de nuestras vivencias previas, de la educación que hayamos tenido, del cariño recibido, de las personas de las que nos hemos rodeado... Todo ello forjará el conjunto de creencias, pensamientos, valores y actitudes que guiarán nuestra forma de actuar y determinarán el éxito o fracaso en la vida, aquello a lo que muchos llaman, injustamente, buena o mala suerte.

»En esta etapa ya no se produce una crisis de identidad, lo que sucede en muchas ocasiones es una crisis existencial, puesto que las incertidumbres giran en torno a la existencia: "¿Para qué vivir si vamos a morir al final? ¿Por qué este mundo es tan injusto? ¿Por qué todo me pasa a mí? ¿Qué es lo que he hecho yo para merecer este castigo?"... y demás conjeturas.

»Este es el caso de las personas que han optado por ampararse en la mala suerte como excusa para justificar sus fracasos, viviendo en una situación de victimismo, donde da igual lo que hagas, porque "las cosas son así y no se pueden cambiar"; "yo soy así y no puedo cambiar". Es preferible pensar que lo que nos sucede se escapa a nuestro dominio; de esa forma, se evita la responsabilidad de afrontar los hechos y enfrentarse con valentía a las adversidades que surjan. "Mejor rendirme y quejarme de mi infortunio", ¿te suena de algo esto? —finalizó, apuntándome con el dedo índice.

Estaba absorto en el discurso y me costó reaccionar a la pregunta acusadora que había planteado, por lo que respondí de forma ambigua.

—Bueno, no sé, quizá en algunos aspectos sea así y en otros no.

Haciendo caso omiso, prosiguió su alegato.

—Sin ser consciente de ello, vas llenando durante años tu mente de miedos, inseguridades, dudas, limitaciones, prejuicios y estereotipos. Unas veces condicionado por el pasado y otras veces por el entorno en que vives, has ido asimilando estas construcciones mentales, que tú mismo has creado y has hecho tuyas, apegándote a ellas como si te pertenecieran y formaran parte de tu personalidad. Por tal motivo, piensas que no puedes cambiarlas y mucho menos eliminarlas, siendo esclavo de tu mente, en lugar de utilizarla en tu propio beneficio.

—¿De ahí que sea necesario restaurar y reprogramar? —pregunté.

—Efectivamente —respondió—. Primero restaurar tu mente, eliminando todo el contenido que le sobra, y después reprogramarla, modificando la manera de pensar y de entender la vida. Ese es el proceso de cambio que te conducirá a una vida plena, sin limitaciones ni obstáculos imaginarios, donde tú serás el dueño de tu mente y no a la inversa.

No podía negar que sus palabras atraían mi atención, aunque no estaba de acuerdo en muchas cosas; no sería tan fácil como él decía, uno no puede olvidarse de todo y volver a nacer. De alguna manera, nuestra expe-

33

riencia es todo lo que tenemos, para bien o para mal, y eso no se puede dejar atrás. Había oído la frase «ojalá volviera a ser niño con lo que sé ahora», pero este hombre estaba proponiendo justo lo contrario: volver a ser niño, olvidándome de lo que sabía.

—Sinceramente, no lo veo claro —indiqué—. ¿Cómo pretendes que me olvide de lo que he aprendido durante años? ¿La solución es volverme un ignorante para no ser consciente de lo que sucede y así no sufrir?

El hombre negó, agitando la cabeza. Poniendo su mano en la barbilla y acariciándose la barba, permaneció en silencio unos segundos antes de proseguir.

—No te estoy diciendo que te olvides de leer y escribir, ni tampoco de caminar —sonrió—. Simplemente se trata de eliminar los vicios mentales que has ido adquiriendo con los años, de forma tan encubierta que crees que los has tenido siempre, provocándote sentimientos de odio, rencor, rabia, temor o fracaso. Estos sentimientos son los que te destruyen y han hecho que ahora estés aquí, buscando un final. Sin embargo, estos sentimientos solo existen si tú les das cobijo; igual que un animal que no come se muere, ten por seguro que si esos sentimientos no los alimentas con pensamientos nocivos, también morirán.

—¿Y una vez que la mente está limpia? ¿Entonces qué?

—Los anteriores sentimientos serán sustituidos por un único sentimiento, el más original y natural de todos, el único con el que realmente nacemos: el amor.

34

—¿El amor? ¿Qué quieres decir? —pregunté.

—El amor a la vida, el amor al mundo, el amor a tu familia, el amor a tu trabajo y a todo lo que haces, el amor hacia los demás y, sobre todo, el amor hacia ti mismo —respondió—. El amor es la fuerza más poderosa que existe. Si das amor, recibirás amor; si amas la vida, la vida te tratará con amor, y si te amas a ti mismo, no necesitarás nada más.

Lejos de encontrar claridad, cada vez estaba más confuso. De repente, sentí una especie de agobio. Quizá era demasiada información para alguien en mi situación, que se encontraba abatido, sin ánimo para buscar luz. Ya era tarde para escuchar charlas de esperanza y replantear mi destino. La decisión estaba tomada.

—Sinceramente, te agradezco la lección psicológica, de verdad que tu «teoría de la reprogramación» y todo lo que me has contado resultan interesantes, aunque no es para mí, yo ya no tengo fuerzas para restaurar, reprogramar, ni nada por el estilo —expliqué con desánimo—. Te pediría que, por favor, te marches y te olvides de mí. No pienses que podrías haber hecho más y no lo hiciste, solamente piensa que me dejaste cumplir mi deseo.

Ante mi asombro, el extraño hombre comenzó a aplaudir efusivamente.

—¡Bravo, bravo! —exclamó—. Muy emotivo, de veras —concluyó con una sonrisa, mofándose de mis palabras.

No me quedaba energía para enfadarme, me daba igual lo que pensara.

35

—En fin..., hasta luego —concluí, dándome la vuelta.

Empecé a avanzar lentamente, dirigiéndome hasta el lugar inicial. Estaba agotado, solo quería terminar, sin importarme que aquel hombre siguiera presente.

—Un momento —pronunció.

Ignorando su petición, seguí mi marcha.

—¡Detente un segundo! —insistió, aumentando considerablemente el volumen de su voz.

Esta vez, su orden logró detenerme. Ladeando la cabeza, sin llegar a mirarlo, aguardé para escucharlo.

—Quiero proponerte algo —indicó—. Es importante.

Continué en la misma posición, esperando su propuesta.

—Concédeme una semana —dijo.

Al oír esto, me di la vuelta totalmente.

—¿Cómo dices? —repliqué extrañado.

—Solo quiero pedirte que vengas conmigo durante una semana.

—¿Para qué? ¡Claro que no! ¿Por qué iba a hacer eso?

—Porque no tienes nada que perder —respondió—. Lo mismo te da morir ahora que dentro de una semana.

No sabía qué decir, estaba bloqueado, me costaba creer lo que estaba oyendo.

—¿Adónde? —pregunté.

—Será solamente un viaje de siete días, ni un día más.

—Imposible, de veras, no te esfuerces más.

—Solo siete días —repitió—. Si al terminar sigues pensando igual que ahora, te doy mi palabra de que yo mismo te traeré de nuevo hasta aquí para que hagas lo que creas oportuno.

Estaba demasiado cansado como para tomar una decisión en este instante, no sabía qué hacer ni qué responder.

—¿Qué significa una semana para alguien a quien le sobra el tiempo? —planteó—. Vamos, acompáñame.

Seguía inerte, inmóvil ante la indecisión. Quizá tenía razón, ¿qué puede perder alguien que ya lo ha perdido todo?

—Venga, adelante —insistió.

Podía ser una locura irme con un completo desconocido, sin tan siquiera saber adónde, aunque pensándolo bien... ¿Qué podía pasar peor? ¿Qué miedo puede tener alguien que quiere morir?

Capítulo IV

EL VIAJE

Comenzamos a avanzar juntos, él delante y yo inmediatamente detrás, siguiendo sus pasos. Durante el trayecto, no hubo ni una palabra. Pasamos por un estrecho sendero lleno de matorrales, apenas se veía, la luna era la única luz que brillaba.

—¿Cómo te llamas? —consultó repentinamente.

—Marcos —respondí—. ¿Y tú?

—Samin.

—¿Cómo? —pregunté extrañado.

—Samin —repitió—. Es un nombre de origen quechua, la lengua que hablaban los incas —aclaró—. Puedes llamarme así.

No cabía duda de que era un hombre muy peculiar y misterioso, aunque quizá fuera eso, precisamente, lo que me animaba a seguirle y probar la propuesta que me había planteado.

Ni siquiera sentía curiosidad por saber adónde íbamos, me limitaba a acompañarle de forma automática, dejándome guiar sin esperar nada.

El sendero se ensanchó y llegamos a un espacio

diáfano, rodeado de árboles, en el que se encontraba un coche aparcado. Samin sacó de su bolsillo una llave y abrió la puerta del copiloto, haciéndome señas con la mano para que entrara. Así lo hice y, sin emitir preguntas, accedí al asiento. Después, Samin se puso al volante y arrancó el motor, iniciando el movimiento hacia una pendiente que nos condujo a una carretera secundaria.

Activó el reproductor de música y, casualmente, comenzó a sonar «Hurt», de Johnny Cash. Era una canción que acostumbraba a escuchar cuando me encontraba triste; lejos de animarme, me entristecía todavía más. Supongo que era lo que buscaba, pues me gustaba aferrarme a la tristeza para sentirme mejor. Aunque parezca contradictorio, a la tristeza se le acaba cogiendo tanto cariño que no puedes separarte de ella. A veces, no tenía ningún motivo para estar triste y, sin embargo, lo estaba, como si no pudiera eludir su presencia y necesitara que me arropara.

En realidad, esto era al principio, puesto que últimamente la tristeza se había esfumado, acompañándome la indiferencia, la apatía, la desmotivación más absoluta. Al menos cuando estaba triste era capaz de sentir, de emocionarme, de experimentar una sensación. En cambio, ahora estoy más cerca de un autómata que de una persona, las emociones desaparecieron de mi interior; lo único que soy capaz de experimentar, que me recuerda que estoy vivo, es esta angustia, este desasosiego que me perturba de forma permanente. Solo con pensar en ello, la sensación se reproducía

40

en mi cuerpo de forma instantánea, avisándome de que seguía ahí, inseparable.

Reclinándome hacia atrás y estirando las piernas, conseguí una posición más cómoda. Mi cuerpo no aguantaba más, había sido un día muy largo y extenuante.

Noté que el coche se detenía; abrí los ojos súbitamente y observé el reloj del salpicadero: las siete y media de la mañana.

Cuando me subí al coche eran las tres; había pasado dormido todas esas horas sin enterarme, absolutamente abstraído del trayecto.

—Puedes bajar —dijo Samin.

Salí del coche. La niebla era tan espesa que cubría todo el entorno, impidiéndome contemplar mi alrededor. Samin sacó del maletero un par de mochilas; una se la colgó al hombro y la otra la sujetó en su mano. Cruzamos la calle y, a los pocos pasos, nos encontramos ante una gran casa, residencia o algo similar. Actuando con decisión, Samin atravesó la puerta de entrada; yo simplemente le seguí, sin tener la menor idea de dónde nos encontrábamos.

En el exterior había mucha gente ataviada con ropa deportiva y mochilas; un incesante vaivén de personas que entraban y salían de aquel lugar.

Caminamos por un pasillo y, avanzados unos metros, entramos en una gigantesca habitación llena de literas, ocupadas por multitud de individuos. Unos dormían mientras otros se estaban vistiendo y preparándose para algún deporte o actividad que desconocía.

41

Samin se despojó de la mochila que llevaba colgada y, posándola en el suelo, la abrió, sacando de ella unas botas campestres, un pantalón ligero, una camiseta y un sombrero. Por último, de la parte lateral, extrajo un peculiar accesorio que captó especialmente mi atención: ¡un palo de madera!

—¿Qué es todo esto? —cuestioné atónito, rompiendo el mutismo que había mantenido durante todo el viaje.

—Es tu ropa, o llámalo «equipaje», para tu caminata de hoy.

—¿De qué estás hablando? —pregunté indignado—. ¿Dónde narices estamos?

—Estamos en O Cebreiro, el primer pueblo gallego del Camino de Santiago Francés, un lugar único y especial —explicó.

Esto era demasiado, lo que me faltaba por ver, este hombre me había traído al Camino de Santiago. Obviamente, la culpa era mía por acompañarlo sin saber, al menos, adónde íbamos.

—¿Qué pretendes? ¿A qué hemos venido?

—A realizar el viaje que acordamos. ¿No lo recuerdas?

—Pero, pero... —vacilé—. Tú no me dijiste nada de esto.

—Tranquilo, Marcos, serán solo siete días. Después, tú decides.

—No estoy dispuesto a perder el tiempo aquí —repuse.

—¿Cuánto tiempo llevas perdido? —preguntó—.

¿Qué importa perder una semana cuando se quiere perder la vida?

Esa pregunta retórica me aplacó, suavizando mi indignación.

—No me dijiste nada de esto, deberías haberme avisado —insistí.

—Te dije que harías un viaje y así es —dijo—. Posiblemente, el viaje de tu vida.

Samin tenía una gran habilidad para cambiar las cosas y ver fácil lo que para mí era un suplicio. No estaba convencido de emprender esto que él llamaba «viaje», no me apetecía iniciar esta andadura. Sin embargo, había una pequeña parte de mí que me animaba y se cuestionaba por qué no intentarlo.

—Estoy cansado, llevo muchas horas sin dormir y no estoy preparado físicamente para realizar una caminata de este tipo. He estado años sin hacer ejercicio, además, mi espalda no soportará la carga de la mochila —argumenté, buscando nuevas excusas.

—Créeme, no es tan duro y no tienes prisa, puedes tomarte el tiempo que necesites, descansa cuanto quieras. No importa cuándo llegues…, la meta no es otra que el propio Camino —explicó.

—Además, por lo que intuyo, ¿no pretenderás que lo realice solo? —indagué—. Seguro que me perderé.

—No te perderás —aseveró—. Simplemente, sigue las flechas amarillas del Camino, ellas te guiarán, y si te pierdes, no habrá nada de malo porque encontrarás nuevas rutas para explorar.

—¿Y tú dónde estarás? —pregunté.

43

—No te preocupes, estaré cuando me necesites.

Continuaba indeciso; la idea de empezar a andar ataviado con una mochila no me atraía lo más mínimo y, sinceramente, lo habría descartado al instante, si no fuera porque ese hombre poseía convicción y le veía algo especial que me hacía confiar en él.

—Está bien... —mantuve el suspense, a sabiendas de que me podía arrepentir de la decisión—, probaré —acepté finalmente, con escasa ilusión.

Samin acarició mi cabeza con un gesto de cariño y aprobación, esbozando una sonrisa de satisfacción.

—Entonces ¡hoy comienza tu viaje! —expresó con energía—. Como te dije anteriormente, el Camino es la verdadera meta, en ningún caso importa el destino, solo el recorrido. Esto es lo primero que debes entender, por tanto, es indiferente el tiempo que inviertas en realizar el trayecto, solo interesa que disfrutes de cada paso. Puedes hacer lo que te apetezca en cada etapa, asegurándote de cumplir tres reglas básicas —explicó, pasando seguidamente a enumerarlas—. La primera de ellas es que debes aguzar tus sentidos en todo momento, escuchar, observar y sentir todo lo que haya a tu alrededor, fundirte con la naturaleza, mantenerte atento y experimentar todas las sensaciones que la travesía te proporcionará.

Escuchaba, expectante, las supuestas condiciones que debía cumplir.

—La segunda regla consiste en mantener tu mente presente, de tal forma que únicamente importe el instante en el que te encuentras —continuó—. No puedes distraerte con banalidades, no puedes perderte en pensamientos estériles ni divagar entre el pasado y el futuro. En definitiva, no puedes aprovechar la marcha para fantasear o recrear preocupaciones y problemas. Siempre tendrás que estar donde realmente estás, sin viajar mentalmente.

—Pero eso es imposible —interrumpí—. Yo no puedo controlar lo que pienso.

—¡Exacto! —admitió—. Al día generas unos sesenta mil pensamientos que, efectivamente, no puedes evitar que aparezcan y pasen por tu mente como un ciclón. No obstante, puedes decidir qué pensamientos se quedan y cuáles eliminas al segundo. Tú controlas tu mente y no al revés, puesto que eres tú quien decide a qué le dedicas atención, qué pensamientos te convienen y cuáles no. En realidad es más fácil de lo que parece, solo se requiere práctica.

—Hablas como si tuviéramos un botón que aprietas y desaparecen las preocupaciones —cuestioné.

—Sí, más o menos es así —afirmó—. De todas las preocupaciones que ocupan tu mente a lo largo del día, son reales menos del cinco por ciento, a veces ninguna es real. El resto de las preocupaciones, es decir, la inmensa mayoría, no existen verdaderamente, son ficticias, un producto de tu mente distorsionada que, al igual que un director de cine, a partir de un pensamiento incipiente construye una auténtica película a su alrededor, una película que terminas creyéndote convirtiéndola en tu preocupación, solo porque has decidido imaginarte que sucederán las cosas de la for-

45

ma que te has inventado, creando un motivo para preocuparte, para limitar tus acciones y tener miedo. Podríamos usar la mente para construir películas con final feliz, aunque la mayoría de la gente prefiere decantarse por el sufrimiento gratuito —concluyó.

Debía admitir que sus argumentos me sorprendían y, por primera vez en mucho tiempo, mantenía conversaciones que lograban despertar mi interés, aunque todavía me surgían muchas dudas y discrepancias ante sus teorías.

—Bueno, es que, muchas veces, las cosas malas que imaginas acaban sucediendo —expuse.

—¡Claro! —exclamó—. Porque, cuando solo piensas en cosas malas, algunas de ellas ocurren, es obvio, ya que te centras en ello, focalizas lo negativo mientras las cosas buenas que te suceden se mueven por delante de tus narices pasando inadvertidas, porque no eres capaz de apreciarlas..., esa es la diferencia fundamental —explicó, haciendo una pequeña pausa—. Debes entender que tu imaginación, tu pensamiento y tu vida van de la mano.

—Si eso es así, ¿por qué no pensamos en positivo? —pregunté.

—Muy buena pregunta. De los sesenta mil pensamientos diarios que tenemos, la mayoría son negativos. ¿Por qué? —cuestionó.

—No lo sé —admití con gesto confuso.

—Porque estamos programados para pensar así —expresó—. Cuando llegas a tu casa y ves las noticias en la televisión, ¿qué es lo que percibes? Muertes, tra-

46

gedias, guerras, accidentes, peligros... Cuando hablas con tus compañeros de trabajo, ¿qué oyes? Problemas, preocupaciones, quejas, temores. Cuando eras pequeño, ¿qué te decían tus padres? «Ten cuidado», «a ver si te va a pillar un coche», «te vas a caer»... ¡Nos han enseñado a pensar así!

»Por supuesto, nuestra mente está igualmente preparada para pensar en positivo. Sin embargo, disfrutamos recreándonos en el pesimismo, sufriendo por lo que pueda suceder, poniendo obstáculos mentales y barreras imaginarias que impiden la felicidad, sin ser conscientes de que el sufrimiento imaginario es mucho peor que el real.

Pensé en lo que decía y, efectivamente, eran muchas las veces que lo había pasado fatal por dar rienda suelta a mi imaginación, poniéndome en lo peor, sin tener ningún indicio de que lo imaginado fuera cierto.

Recordé que hacía años, un día duchándome, casualmente advertí un pequeño quiste en mi abdomen. Al principio no le di importancia. Después, cada vez que me duchaba lo palpaba y lo notaba distinto, unas veces más grande, otras veces deforme, distinta textura..., por lo que comencé a preocuparme. Decidí ir al médico, quien lo examinó y me dijo que no parecía nocivo, aunque de todos modos debía hacerme una resonancia magnética para asegurarse. Creo que ni siquiera lo escuché, porque ya estaba convencido de que tenía un tumor maligno. Investigué por mi cuenta, y lo que iba deduciendo cada vez me acercaba más a la creencia de que mi vida se acababa. Cuando me dieron

47

los resultados de la resonancia, mi estado era deplorable, los siete u ocho días de espera habían sido extenuantes: no comía, no dormía, no tenía fuerzas y mi estado anímico estaba por los suelos. Obviamente, mi ansiedad no me permitió esperar a entregarle los resultados al médico y, rápidamente, abrí el sobre, interpretando la imagen a mi manera, para convencerme de que se veían puntos blancos por todas partes, lo que significaba que existía metástasis y el cáncer estaba expandido por todo mi cuerpo. Lloré, maldije y acepté mi final, sin que todavía ningún experto me hubiera confirmado nada. Al cabo de unos días, visité al médico. Entré a su consulta abatido, consumido por dentro y por fuera. El médico observó la prueba atentamente durante varios segundos, que fueron eternos, esperando a que me diera el fatal diagnóstico. Finalmente, el médico rompió su silencio y concluyó: «No hay duda, es un quiste benigno; lo extirparemos de todos modos como medida preventiva, aunque no tienes de qué preocuparte».

Cuando detecté el bulto, pude optar por pensar que simplemente era un quiste de grasa, haber consultado al médico y esperado su respuesta, evitando el calvario por el que pasé, que casi me conduce a una enfermedad real. En cambio, mi mente prefirió crear su propia película, como bien decía Samin.

Por no hablar de los celos infundados que me atormentaban cada vez que mi mujer salía con sus amigas, asistía a las cenas de su trabajo, se retrasaba un poco en el retorno a casa o la veía por la calle paseando con algún compañero. Jamás tuve constancia de que me fuera infiel durante el tiempo que estuve con ella; no obstante, en mi mente fueron muchas las veces que mantuvo relaciones con otros hombres.

Samin se acercó a la cama, sentándose en el borde, y continuó con el discurso.

—Todo comienza con un simple pensamiento —indicó—. Por ejemplo, imagínate que estás en un avión; te encuentras tranquilo y sereno, puesto que has volado muchas veces y es una situación habitual. De repente, empiezan a producirse turbulencias que agitan el avión, haciéndolo zigzaguear un poco. Sabes que las turbulencias son totalmente normales en un vuelo, te ha sucedido muchas veces con anterioridad y no les has prestado ninguna atención. En cambio, en esta ocasión surge un pensamiento desconcertante: «¿Y si se estrella el avión?».

»En ese momento, tienes dos opciones: eliminas ese pensamiento antes de que vaya a más, desapareciendo el problema automáticamente, o por el contrario permites que vaya a más: le prestas atención y creas la película en la que ves al comandante diciendo a los pasajeros que se preparen para el impacto; después, te imaginas la escena de terror, la gente gritando y llorando. Piensas en tu familia, en tus hijos, a los que abandonarás, en tu mujer, a la que dejarás viuda. Tu cuerpo comienza a reaccionar y experimentas la misma sensación angustiosa como si, efectivamente, estuviera ocurriendo de verdad, porque si la mente se lo cree, tu cuerpo también se lo cree. Después de un lapso de tiempo corto, aunque interminable mentalmente, ha finalizado tu dramática película, el vuelo aterriza y por fin suspiras aliviado.

»Podría parecer que todo ha concluido con el aterrizaje; pero no es así. Un mes después, tienes que coger otro vuelo; cuando subes al avión empiezas a notar una sensación extraña no experimentada en otras ocasiones. Despega el avión y la zozobra aumenta, te abrochas el cinturón y te preparas para el despegue. Compruebas cómo el avión aumenta la velocidad y comienzas a mirar incesantemente por la ventanilla, mientras notas que tu corazón late más fuerte y tus piernas tiemblan. Vuelven los pensamientos negativos, la posibilidad del accidente, de caer en picado. Te imaginas una muerte horrorosa, quemado a consecuencia de la explosión, o quizá ahogándote en medio del gélido océano.

»A partir de ahora, la vuelta atrás es dificilísima: has convertido un simple pensamiento en un miedo a volar permanente. Siempre que te enfrentes a esa situación, tu cuerpo y tu mente te recordarán ese temor. Eso en el mejor de los casos, puesto que es posible que no vuelvas a subir a un avión, si no es estrictamente necesario. Un pensamiento ocasional, que no supiste eliminar o frenar a tiempo, lo has convertido en un verdadero problema, has incorporado un nuevo "miedo" a tu vida.

Terminó de hablar y yo continuaba ensimismado, atónito ante sus palabras. Nunca me había parado a analizar las múltiples situaciones similares que desembocaron en miedos infundados.

—Que no se me olvide la tercera regla, porque es la más importante —dijo—. Una vez que inicies este viaje, no puedes abandonarlo hasta que llegues a Santiago de Compostela.

Me quedé callado, sin darle mi aprobación, porque no sabía con seguridad si lo cumpliría.

—¿Queda claro? —preguntó—. No puedes rendirte hasta que termines el recorrido.

—Está bien, lo intentaré —respondí.

—¡No! —exclamó rotundo—. Las acciones que dependen de ti nunca se intentan, se hacen y punto.

Atisbé sus ojos y nuestras miradas se unieron. No estaba seguro de conseguirlo, aunque esa mirada penetrante me infundía valor, esa mirada era capaz de transmitir más que las palabras. Lo había entendido y así se lo hice saber, asintiendo con la cabeza.

Capítulo V

EL CAMINO

Al fin, divisé un cartel que rezaba «Triacastela». No sabía el tiempo que llevaba caminando, solo que había sido duro y estaba exhausto. Nada más entrar al pueblo había un restaurante con una terraza repleta de mesas. Me apresuré a sentarme en una silla que encontré libre; era la primera vez que descansaba en todo el trayecto, puesto que lo había realizado sin parar.

De repente alguien, que apareció por detrás, tocó mi hombro. Me giré para comprobar de quién se trataba, sorprendiéndome al identificar a Samin.

—Las dos de la tarde —dijo mirando su reloj—. Has tardado menos de cinco horas, ¿tenías prisa?

—Tenía ganas de acabar —respondí.

Levantó las cejas con un gesto de sorpresa, denotando que esa respuesta no le había gustado.

—¿Y qué tal? —volvió a preguntar.

—Cansado —respondí escuetamente.

—¿Solo tienes eso que decir?

—Sí —confirmé.

—¿Lo único que puedes decirme es que estás cansado? —insistió—. Háblame sobre el trayecto, lo que viste, las personas que te encontraste, las sensaciones que tuviste... No sé, prueba a ser un poco más explícito —indicó.

—No tengo mucho que destacar —dije—. Recorrí el trazado siguiendo las indicaciones y, al menos, logré llegar hasta aquí sin perderme.

—¡Fantástico! —pronunció irónicamente—. De que has llegado hasta aquí ya me he dado cuenta, ¿pero viste algo o solo anduviste con la cabeza mirando al suelo?

—¡Yo qué sé! —respondí—. ¿Qué se supone que tenía que ver?

—¿Viste las nubes flotando debajo de ti? ¿Divisaste las colinas de intenso verde rodeándote? ¿Observaste cómo aparecía el sol entre las montañas, pintando el cielo de rojo? ¿Contemplaste los prados o los bosques de robles y castaños? ¿Te diste cuenta, al menos, de la belleza de O Cebreiro? —terminó el interrogatorio con notable indignación.

La verdad es que, prácticamente, no sabía de lo que me hablaba, puesto que todo eso que mencionaba había sido imperceptible para mí.

—No me fijé bien —admití—. Bastante tenía con caminar por el sendero correcto y llevar la mochila a cuestas.

Samin movió la cabeza de un lado al otro con gesto serio; no parecía estar satisfecho con mi trabajo.

—¿Conociste a algún peregrino? —cuestionó—. ¿Hablaste con alguien?

—Siempre había algún pesado que se acercaba para darte la murga, aunque intentaba no ser muy amable para que me dejaran tranquilo —reconocí—. Por no hablar de la frasecita «buen camino», que todo el mundo reproducía felizmente.

El rostro de Samin, conforme me escuchaba, iba tornándose más adusto.

—Muy bien, ya veo que no has entendido nada de lo que hablamos y has hecho caso omiso de las reglas. Por tanto, ha sido en balde lo que has andado.

—He hecho lo que me pediste y lo que he podido, tampoco quiero que me des un premio aunque, al menos, podrías valorar que he terminado la etapa —reproché.

—Te dije que terminar era lo de menos, que la meta no servía de nada si te perdías el recorrido. Por eso, volverás a hacer de nuevo esta etapa mañana.

—¡Qué dices! ¡Ni hablar! —protesté, oponiéndome.

—Yo te acompañaré, para asegurarme de que realmente experimentas el Camino.

Empezaba a incomodarme tanto mandato. Es cierto que yo había aceptado esas reglas, comprometiéndome a seguir sus instrucciones, pero que me tratara como a un niño sumiso no me agradaba.

—Voy a hablar con el dueño del restaurante y ahora vuelvo —advirtió Samin, levantándose súbitamente.

Al cabo de quince minutos regresó.

—Te he conseguido una habitación —indicó—. Puedes comer aquí y, después, tendrás un par de horas para ducharte y descansar. Sobre las seis de la tarde vendré a recogerte.

Sin esperar mi respuesta ni despedirse, se marchó apresuradamente, dejándome solo de nuevo.

Degusté el menú del día, ingiriendo todo lo que incluía, puesto que estaba hambriento. El esfuerzo había despertado un apetito que no era habitual en mí. Al terminar, acompañado de uno de los camareros, subimos por una escalera hasta un edificio anexo. Nada más atravesar el vestíbulo, mi acompañante se detuvo frente a una puerta, sacó una llave del bolsillo y la abrió, mostrándome mi habitación: un minúsculo cuarto sin ventana en el que apenas había espacio para la cama.

Fuera de la habitación, en el pasillo, existía un descuidado baño. Me concedí una relajante ducha y, una vez aseado, repuse fuerzas tumbándome en la cama y durmiendo durante un lapso aproximado de dos horas.

Cuando me desperté, me dolían un poco las piernas, aunque estaba bastante recuperado de la caminata. Eran las seis y cuarto de la tarde, hice mi mochila y bajé hasta la cafetería del restaurante. Allí se encontraba Samin, sentado en una mesa, leyendo el periódico mientras consumía una infusión.

—¿Has repuesto fuerzas? —preguntó, nada más verme.

—Sí, estoy mejor —contesté.

De un sorbo, terminó el líquido que contenía su taza y se puso en pie, dejando unas monedas sobre la mesa.

56

—Volvemos a O Cebreiro —afirmó, dando una palmada en mi espalda.

Preferí no discutir con él. Aunque no me apetecía repetir la etapa, el hecho de que él me acompañara equilibraba la balanza para que decidiera no protestar y acatarlo.

Subimos al coche y recorrimos los aproximadamente veinticinco kilómetros que separaban ambas localidades.

—Pasa y solicita dos camas que tengo reservadas, vendré enseguida —explicó Samin.

Entré al albergue municipal y pregunté por las camas que Samin había reservado. El chico joven, que atendía la pequeña recepción, me entregó unas sábanas y me acompañó hasta la gran sala repleta de literas.

—¿Cuáles son nuestras camas? —pregunté ingenuamente.

—Las que más te gusten —contestó el muchacho, sonriendo.

Coloqué las sábanas en una cama superior, que estaba libre, posando las de Samin en la homóloga inferior.

El albergue era grande; nunca había estado en uno, siempre había dormido en habitaciones de hotel. Esto de compartir cuarto con un montón de gente me sonaba a lo que me contaba mi padre acerca del servicio militar.

Me desplacé hasta la sala principal, fijándome en la diversidad de personas que coexistían: chavales adolescentes —tipo *boy scout*—, grupos de amigos, parejas, hombres y mujeres de todas las edades.

Me chocó, especialmente, la cantidad de personas que iban solas, sin ningún acompañante. Esto también era una cosa novedosa para mí; había viajado a muchos sitios, aunque nunca lo había hecho solo, pensaba que eso carecía de sentido, incluso me avergonzaba lo que pudieran pensar de mí, vagando de forma solitaria. En cambio, aquí parecía ser lo más normal.

Había grupos jugando a las cartas, personas escribiendo o leyendo, algunos usando los ordenadores habilitados en un rincón de la sala y otros, simplemente, charlando. Todos estaban ocupados, en cosas básicas, pero ocupados. Independientemente de que estuvieran solos o acompañados, parecía que desempeñaban una importante actividad, estaban centrados en alguna acción que les mantenía entretenidos. Esta situación me sorprendía, puesto que yo llevaba aquí únicamente veinte minutos y no se me ocurría nada mejor que estar sentado, esperando a que llegara Samin.

—Hola, ¿qué tal? —pronunció un chico sentado en una mesa, justo a mi lado—. ¿Te apetece jugar al parchís? Vamos a iniciar una partida.

Esa pregunta me resultó tan extraña como incoherente. «¿Jugar al parchís con más de cuarenta años?», pensé. No conocía a esas personas, ni siquiera sabía sus nombres, y me estaban pidiendo sentarme a jugar con ellos. Realmente, no lo veía sensato.

—No, muchas gracias —respondí educadamente.

Me encontraba desubicado, parecía que no encajaba en ningún sitio, estaba rodeado de extraños, de los que prefería mantenerme al margen, sin saber tampo-

58

co qué hacer o dónde situarme. Sentí que estaba totalmente fuera de lugar.

Decidí salir al exterior para ver si regresaba Samin. Su compañía, al menos, evitaría que los demás me vieran solo y quisieran integrarme en algún grupo, o tener que dar conversación a cualquier otro solitario viandante.

No me gustaba ese panorama, tampoco deambular solo, sin más fundamento que esperar el paso del tiempo. Lo único que me apetecía era beber un trago de whisky y, después, dormir profundamente hasta el día siguiente. Siempre mejor que estar despierto, ya que mientras dormía no había pensamiento, no había sufrimiento.

Desde la entrada del albergue observé, a lo lejos, que regresaba Samin cargado con una mochila en cada hombro. No sabía su verdadera edad, posiblemente unos sesenta años, quizá más, aunque se le veía un hombre muy fuerte y vigoroso.

—Dejo las mochilas dentro y vuelvo —indicó, al llegar hasta mí.

En pocos minutos regresó, desprovisto de equipaje.

—Vamos a dar un paseo por el pueblo, es una auténtica preciosidad —expuso.

Caminamos por las empedradas calles de la pequeña localidad. Parecía un sitio muy antiguo, las casas eran de piedra, asemejándose a un decorado de película, como un poblado celta o un pintoresco pueblo escocés.

—¿Ves esas construcciones circulares? —preguntó, señalando con el dedo índice—. Se llaman pallozas, son viviendas prerromanas. La cubierta está hecha de paja de centeno. En ellas convivían hombres y animales para poder darse calor mutuamente. Todavía se conservan seis de ellas.

Pasados unos metros, Samin volvió a intervenir con otra explicación.

—Esta es la iglesia de Santa María, la más antigua del Camino Francés —indicó—. La iglesia fue fundada por una comunidad de monjes benedictinos en el siglo IX. Esta parroquia es una de las más importantes de toda Galicia.

Cruzando el señorial portal de piedra, accedimos al interior de esta iglesia; por fuera era un edificio bonito, aunque su interior me pareció un poco austero para la importancia que se le atribuía.

—¿Has oído hablar del santo grial? —indagó.

Aunque la religión no entraba dentro de mis intereses, en libros y documentales sí había oído hablar de ello.

—Creo que es la copa que usó Jesús en la última cena —respondí, sin demasiada convicción.

—Efectivamente —corroboró—. Pues, según algunas leyendas, podrías estar ahora mismo ante ella —expresó, señalando un cáliz sagrado.

—¿En serio? —cuestioné sorprendido.

—No lo sé, por eso es leyenda —indicó sonriendo—. En el siglo XIV, en un día de fuerte temporal, un monje estaba celebrando la misa, cuando Juan Santín, un feligrés de un pueblo vecino, desafió el duro temporal y se acercó hasta la iglesia para oír misa. El monje, al verlo, menospreció el sacrificio realizado por este devoto, mofándose con ironía de que hubiera llegado hasta allí. En ese momento, el pan, que sostenía el monje entre sus manos, se transformó en auténtica carne, y el vino en verdadera sangre. Acto seguido, la imagen de la Virgen, que puedes ver delante de ti, inclinó la cabeza para adorar el cuerpo y la sangre de Cristo. El monje declaró el milagro y la historia se extendió por toda Europa, recibiendo esta iglesia diversas bulas papales y privilegios reales en el Medievo. La leyenda también cuenta que los Reyes Católicos, en su peregrinación a Santiago, entraron al santuario para conocer el lugar del milagro, queriendo llevarse consigo el cáliz en su vuelta hacia Castilla, aunque, a veinte kilómetros de allí, los caballos se detuvieron y fue imposible hacerlos continuar. Finalmente, confusos y asustados por lo que estaba pasando, soltaron a los animales, que regresaron libremente a la puerta de la iglesia de O Cebreiro. Al contemplar este hecho, la reina Isabel comprendió que las reliquias sagradas debían continuar en el mismo lugar y así lo ordenó. Después de aquello, durante años, el santuario de Santa María la Real se relacionó con el templo del Grial, que contenía las reliquias que utilizó Jesús en la última cena.

»En esos dos arcosolios —dijo, señalándolos—, supuestamente se encuentran los sepulcros del monje y el feligrés que presenciaron el milagro, quienes pidieron ser enterrados juntos en este lugar.

—Curiosa historia —expresé, asombrado tanto por el relato como por la reproducción tan minuciosa de este.

61

—Actualmente, se encuentran dibujados este cáliz y la patena en el centro del escudo de Galicia, de ahí la importancia del lugar donde estamos —concluyó Samin.

Terminamos de recorrer el pequeño pueblo y nos dirigimos de nuevo hasta el albergue, al tiempo que comenzaba a languidecer el día y la oscuridad de la noche adquiría protagonismo.

Cenamos unos bocadillos que Samin llevaba en el coche y, en torno a las diez, nos fuimos a nuestras camas. Era pronto para dormir, aunque tampoco había ningún plan mejor. Por tanto, le dije a Samin que prefería acostarme ya. Una decisión que le pareció acertada.

Samin sacó un libro de la mochila y comenzó a leer, tumbado en su cama. Yo ascendí hasta la litera superior, cerré los ojos e intenté dormir, pero no lo conseguía. Habían sido dos días muy intensos, con muchas sensaciones dispares, que me hacían estar agitado y que mi mente fuera de un lado para otro incesantemente.

De pronto, sin poder controlarlo y sin saber por qué, empecé a llorar. Tapé la boca con mi mano para no hacer ruido, aunque los sollozos y mi alterada respiración sonaban inevitablemente, sin lograr encubrir el llanto debido al silencio que imperaba en la sala.

Samin advirtió la situación y se puso en pie; su cabeza llegaba justo a la altura de mi cama. Ubicándose junto a mi colchón, se quedó observándome con semblante serio.

Me sentía avergonzado, no quería que me viera llorar, aunque tampoco podía evitarlo.

62

—¿Qué te sucede? —preguntó en voz baja.

Tardé en responder, el llanto me dificultaba hablar.

—No es nada, estoy bien —balbuceé de forma entrecortada, al mismo tiempo que me secaba las lágrimas apresuradamente.

—No te avergüences por llorar ni reprimas el llanto, porque te estás sanando —indicó.

Permanecí callado, hasta que fui recuperando el ritmo respiratorio habitual, restableciendo el autocontrol emocional y mi capacidad para hablar de forma más fluida.

—No tengo nada —dije afligido.

—¿Nada? —cuestionó Samin—. ¿A qué te refieres?

—Lo he perdido todo, no me queda nada —insistí.

—«Todo» y «nada» son dos conceptos muy ambiguos —dijo Samin, encogiéndose de hombros—. Especifica qué es lo que has perdido.

—Llegué a ganar mucho dinero, muchísimo —expliqué—. Cuando mi padre se jubiló, me hice cargo de su empresa, un negocio de cuatro generaciones: mi bisabuelo se lo dejó a mi abuelo, mi abuelo a mi padre y mi padre a mí. Al principio, las cosas iban muy bien, solo tenía que seguir las instrucciones de mi padre, era una empresa consolidada en el sector, prácticamente funcionaba sola.

—¿Y después? —preguntó Samin, intuyendo que existía una segunda parte no tan positiva.

—Después, todo lo que tenía, aquello por lo que mis ascendientes habían luchado durante años, se fue al traste. Hice algunas inversiones desafortunadas y me

63

rodeé de gente que, equivocadamente, pensaba que eran de confianza, conduciendo la empresa a su fin y perdiendo todo el dinero generado, hasta el punto de tener que vender mi piso y volver a vivir con mis padres para que me mantuvieran como a un adolescente.

Samin escuchaba mi historia sin pronunciarse, esperando que prosiguiera, como así hice.

—Mi padre se llevó una decepción tremenda, no me lo puso nada fácil —admití—. Él no podía comprender cómo había sido posible. Me acusaba de no haberle escuchado, de no hacerle caso, de haber obviado sus continuas advertencias... Llevaba razón, estaba en lo cierto, aunque no podía soportar esa presión añadida. Discutimos varias veces, hasta que, finalmente, después de distintas disputas, dejamos de hablarnos. Convivíamos en la misma casa y ni siquiera nos mirábamos.

—¿Y ahora? —preguntó Samin.

—No sé nada de él —afirmé—. Hace un año, cuando murió mi madre, me fui de su casa, era absurdo vivir con una persona con la que no cruzaba palabra. No he vuelto a verlo. Con la pérdida de mi madre ambos quedamos solos y desamparados. Ella era lo único que me quedaba, mi luz, la única razón que me mantenía vivo —dije emocionado, regresando las lágrimas a mis ojos.

Noté que Samin apretaba con su mano la mía, en un gesto de cariño, intentando mostrar afecto y empatía hacia mí.

—Descansa, Marcos, empieza a ser hora de dormir y no podemos molestar, mañana seguiremos hablando —dijo, regresando a su lecho.

64

Tal vez fue porque llevaba mi historia personal guardada en mi interior durante demasiado tiempo, quizá porque realicé una descarga emocional, o por la sensación de sentirme escuchado; lo cierto es que experimenté un gran alivio que me permitió conciliar el sueño con facilidad.

Capítulo VI

DÍA I

En medio del sopor, oí ruidos que interrumpieron mi descanso. Abrí los ojos y miré mi reloj, que solamente marcaba las seis de la mañana. Cuando moví mi cabeza hacia el otro extremo de la cama, vislumbré a Samin puesto en pie, completamente preparado. Estaba sonriente, animado, dispuesto... ¿De dónde sacaba esa energía y entusiasmo?

Después de ponerme la vestimenta habitual, fuimos juntos hasta la cafetería, que había en el exterior, para desayunar. Esperé sentado mientras Samin traía café con leche para los dos y un plato con varias tostadas.

—Debes coger energía para la caminata de hoy —dijo, posando una taza de café frente a mí.

No tenía apenas hambre, aunque sabía que necesitaba tomar alimento para adquirir la fuerza que la etapa requería. Por el contrario, Samin mostraba un fuerte apetito, ingiriendo una tostada tras otra.

—El desayuno es la comida más importante del día —afirmó Samin—. Todas las calorías que comas ahora las quemarás a lo largo de la mañana.

Al acabar el desayuno, buscamos las indicaciones visuales para comenzar por el sendero correcto.

—Ahí está la flecha amarilla —indiqué, señalando un hito de piedra.

—¡Vaya! —exclamó Samin sorprendido—. Por fin comienzas a mirar al frente y percibes tu alrededor —comentó sonriendo.

Nos dirigimos hacia la dirección señalada, andando uno al lado del otro. Me sorprendía lo bien señalizado que estaba el Camino; había numerosos mojones indicativos y, sobre todo, flechas por todas partes. En cualquier bifurcación, una flecha señalaba el sentido correcto de la marcha.

—¿Por qué esas flechas amarillas? —indagué.

Samin no respondió, como si no me hubiera oído, por lo que repetí la pregunta, consiguiendo en esta ocasión el efecto deseado.

—Se deben a Elías Valiña, que fue párroco de O Cebreiro —contestó Samin escuetamente.

—¿Y qué es lo que hizo? —volví a consultar.

—Recorrió el Camino Francés íntegramente, con su coche, para pintar esas flechas amarillas, con pintura sobrante de las obras de señalización de las carreteras —explicó—. Cuando murió, en sus últimas voluntades, pidió a su familia que se encargaran de esta señalización y así ha sido hasta ahora, en colaboración con las asociaciones de Amigos del Camino de Santiago.

—Entonces ¿hasta que ese párroco comenzó con su labor no había ninguna señal indicativa?

—No hay más preguntas —indicó tajante.

68

Lo miré sorprendido por esa hosca respuesta, sin saber a qué se debía.

—No es el momento de preguntar, ni siquiera de pensar, sino el momento de seguir la primera regla que te expliqué el primer día —dijo Samin—. Contempla, escucha y siente lo que hay a tu alrededor, mézclate con la naturaleza, experimenta el instante presente y olvídate de todo lo demás, incluso de mi presencia.

—No lo veo tarea fácil —expuse—. ¿Cómo quieres que no piense en nada, con todo lo que tengo en la cabeza?

—¡Presta mucha atención ahora! —interrumpió bruscamente Samin—. Estamos pasando por una zona en la que habita un «mono aullador».

—¡¿Un mono aullador?! —indagué extrañado.

—Habla flojo —advirtió, bajando el tono de su voz—. Fíjate bien en los árboles y matorrales. Pon tus ojos en todos lados y, sobre todo, afina los oídos, puesto que en cualquier momento emitirá su impactante sonido.

Anduvimos muy despacio unos diez minutos, oteando con detalle todos los rincones que nos rodeaban, manteniendo auténtico silencio, a la espera de algún aullido o sonido espontáneo del animal buscado.

—Mira bien por todas partes —repitió con sigilo.

Así lo hice, revisando minuciosamente el espacio que transitaba.

De pronto, observé que Samin cesaba la exploración y aligeraba el paso.

—¿Y el mono aullador? —pregunté.

—En México, por ejemplo —respondió—. Estamos en Galicia, no en la selva tropical —añadió con mofa.

—¿Para qué me haces perder el tiempo? ¿A qué ha venido esa tontería? —solicité una explicación, indignado.

—Para demostrarte que, si tienes un motivo, serás capaz de centrarte en el instante actual —repuso—. Has mantenido tu atención alerta, has despertado tus sentidos, has observado el paisaje con detalle, has escuchado todos los sonidos de la naturaleza sin desviar tu mente ni un momento. Igual de fácil que yo te he engañado a ti, tú puedes engañar a tu mente, solo trata de tener siempre un motivo, una meta que conseguir. La ausencia de metas es lo que nos mata en vida; si mantienes tu mente ocupada con objetivos y los persigues con ilusión, estarás vivo, independientemente de que los cumplas o no, porque lo importante es el proceso: el Camino. ¡Recuérdalo siempre!

»Si no te hubiera animado con la presencia del mono, no te habrías percatado de lo que tienes ante ti, no habrías experimentado el silencio ni aguzado tus sentidos; en cambio, gracias a una meta imaginaria, lo has logrado.

Después de una empinada cuesta, Samin, sin previo aviso, se adelantó unos metros y, de repente, se desvió un poco del sendero, apartando con sus manos unos matorrales para colarse entre ellos.

—Acompáñame —solicitó—. Esta vez quiero mostrarte algo real.

Le seguí sin preguntar, atravesando una zona cubierta de helechos, hasta que llegamos a un punto despejado de vegetación.

—¡Fíjate bien! —exclamó Samin—. Observa lo que tienes ante ti.

Solamente veía varias montañas cubiertas por la niebla, sin saber a qué se refería exactamente.

—Admira la belleza que posa para ti —dijo, extendiendo el brazo—. Estamos en la zona más alta del Camino de Santiago Francés en Galicia, más de mil trescientos metros de altitud. Observa el precioso valle y las verdes montañas de la sierra de O Rañadoiro, con sus distintas tonalidades, aunque siempre verdes. Verde azabache, verde aceituna, verde pistacho, verde esmeralda... Toda la gama ha pintado estas montañas para que tú, ahora mismo, puedas disfrutar de ellas... ¿Te das cuenta?

Mi mirada oscilaba de derecha a izquierda, captando las imágenes que Samin describía.

—Contempla las nubes debajo de ti, flotando bajo tus pies. Siente el poder de experimentar que estás por encima de ellas, tocando el cielo —continuó argumentando—. Deléitate con esta vista única, escrutando cada detalle, cada rincón y, meramente, siéntelo.

»¿Comprendes ahora que no hace falta preguntar nada ni pensar en otra cosa cuando estás expuesto a la belleza natural? ¿Entiendes que no merece la pena quebrantar el silencio, cuando tienes este espectáculo delante?

Conforme examinaba el paisaje que tenía frente a mí, misteriosamente, más me hipnotizaba.

—No puedes pasar caminando delante de esta grandeza sin detenerte para apreciar las maravillas que te acechan o, al menos, levantar la cabeza para mostrar tu admiración —dijo Samin—. Me da mucha pena, cuando veo a peregrinos que pasan por aquí con la cabeza agachada, despreciando una visión única, sin ser conscientes de dónde están. ¿Para qué venir hasta aquí, si no eres capaz de mirar a tu alrededor? ¿De qué sirve terminar la etapa si no percibes lo esencial? No se puede caminar junto a las montañas y ni siquiera mirarlas, no se puede pasar de largo —indicó, agitando la cabeza.

Samin mantuvo el mutismo durante un extenso lapso, recreándose en el horizonte que se extendía ante sus ojos. Seguidamente se giró, regresando de nuevo al sendero.

—Ya sabes que ahora es el momento de sentir y no de hablar o pensar —dijo Samin—. Mientras caminemos, solo utiliza los sentidos, dejando que despierten tus emociones escondidas. Si te apetece reír..., ríe; si te apetece llorar..., llora. Permite a tu cuerpo expresarse.

Caminamos sigilosamente, no sé exactamente cuánto, puesto que perdí la noción del tiempo, solo sé que hicimos unos quince kilómetros sin apenas enterarme del recorrido. Me refugié en el silencio, que en principio me incomodaba, aunque, poco a poco, me fui acostumbrando a él y ya no tenía la necesidad de romperlo. Samin buscó una piedra de gran tamaño y nos sentamos en un enclave de privilegiada belleza a comernos unos bocadillos que sacó de su mochila.

—Hemos hecho un buen tramo de forma seguida, podemos descansar un rato —dijo Samin.

Comencé a mordisquear el bocadillo, sin alterar el silencio.

—Me alegro de que te hayas tomado en serio evitar hablar. Es la mejor opción, siempre que tus palabras no aporten algo que mejore el silencio —expresó—. En este descanso podemos charlar un poco, sin que ello signifique que desconectes y olvides dónde estás. Sigue permaneciendo presente.

Samin quedó pensativo mientras desenvolvía el papel del bocadillo y, a continuación, arremetió con una pregunta inesperada, como solía ser frecuente en él.

—¿Estás casado?

—Lo estuve —respondí.

—¿Y tienes hijos? —volvió a indagar.

Esa pregunta me golpeó por dentro. Nada más oírla, sentí una punzada en el pecho.

—Sí, un niño —respondí.

—Háblame de él —dijo Samin—. Anoche me contaste parte de tu historia, me gustaría conocer el resto.

—No puedo mantenerme en el presente, si me haces hablar del pasado —protesté molesto.

—¿Estás insinuando que tu hijo es pasado?

Me quedé en silencio.

—Si así lo consideras, háblame del pasado, al menos para poder enterrarlo y dejarlo definitivamente donde debe estar —continuó.

La calma y sosiego adquiridos durante la caminata previa se iban disipando al despertar los «monstruos» que me atormentaban. Hablar del pasado, para mí, era hablar del presente, puesto que seguía formando parte de mi vida. Dicen que el tiempo todo lo cura; creo que esa frase es una auténtica mentira. En mi caso, el tiempo solo me ha hecho más daño y ha ampliado mi frustración progresivamente. Cada vez que evoco el pasado, me resulta más doloroso.

—Separar pasado y presente es imposible, puesto que mi presente es consecuencia de mi pasado, y eso, aunque quiera, no se puede cambiar —expresé.

—No estoy de acuerdo contigo —expuso Samin—. Lo que eres hoy, efectivamente, es consecuencia de tus actos pasados. Sin embargo, tu presente se puede cambiar en este mismo instante y, por supuesto, debes separar presente y pasado para conseguirlo. De todos modos, no quiero convencerte de ello, tú mismo lo comprobarás cuando estés preparado —añadió—. Prefiero no desviarme de lo que nos ocupa..., háblame de tu hijo.

Comencé a notarme tenso, nervioso. Era un tema muy delicado, del que no hablaba con nadie desde hacía muchísimo tiempo. Solo con pensarlo se me hacía un nudo en la garganta, por tanto, sabía que sería difícil expresarme sin flaquear.

—No me apetece hablar de ello —le dije de forma esquiva.

—Lo sé —indicó Samin—. Por eso quiero que lo hagas.

Con un pequeño palito, me distraía realizando círculos en la tierra para mitigar el nerviosismo. Miraba al

74

suelo con la cabeza entre las rodillas. Me costaba comenzar, faltándome arrojo para enfrentarme a mi propia historia.

—Se llama Andrés —conseguí pronunciar por fin.

Al mismo tiempo que lo decía, escribí su nombre en la tierra con el palo que estaba utilizando a modo de lápiz. Levanté la cabeza, y la primera lágrima resbaló por mi cara.

Samin me miraba en silencio, ofreciéndome el tiempo que necesitara para colmarme de valor y poder exponer mi historia, así como afrontar el dolor de rememorarla.

—Cuando las cosas se torcieron en la empresa, no quise verlo —inicié la exposición con voz frágil—. Las deudas iban aumentando, sin que yo aportara ninguna solución. No quería admitir el fracaso, pensaba que podría arreglarlo, aunque no hacía nada para ello. Es cierto que luché al principio, pero pronto me rendí y dejé que las cosas sucedieran. No quería consejos ni sermones, solo ansiaba que me dejaran tranquilo, que nadie me dijera lo que debía hacer. Empecé a salir, a beber, a descuidar mi familia, mi trabajo y mi vida. Llegaba a casa sobre las tres de la madrugada, después de todo el día fuera. La relación con mi esposa era insostenible, apenas nos veíamos y, cuando lo hacíamos, únicamente discutíamos. Al principio iba a trabajar, no en las mejores condiciones, aunque cumplía más o menos mi horario. Más tarde, abandoné mis responsabilidades; no podía compaginar mi vida nocturna con las obligaciones laborales, ese ritmo vital era difícil de

75

aguantar y terminé por dedicar la mañana a dormir, haciendo caso omiso a las numerosas llamadas desde el trabajo, mensajes urgentes y demás reclamos que cada vez me importaban menos.

»Una mañana, recuerdo que era domingo, estaba durmiendo en el sofá del salón. Había trasnochado hasta altas horas de la madrugada y mi estado era deplorable. Serían alrededor de las doce de la mañana y todavía estaba allí tirado con la misma ropa con la que había salido el día anterior. Como de costumbre, había consumido demasiado alcohol y los efectos se notaban en mi cuerpo deshecho. Mi hijo Andrés vino al sofá y empezó a besarme; no tenía fuerzas ni para abrir los ojos, mucho menos para hacerle caso. "Vamos a jugar al fútbol, papá", me dijo, con su pequeño balón sujeto entre los brazos. Le expliqué que estaba cansado, que no podía jugar con él. Ya sabes que los niños no se rinden fácilmente y él insistió, estirándome del brazo para que me levantara. "Vamos, papá, levanta", instaba. Me dolía la cabeza, tenía sueño y solo quería dormir, no estaba en condiciones de atender sus peticiones y comenzaba a molestarme su insistencia. Recuerdo que le grité que me dejara tranquilo. No obstante, no se rindió y continuó abrazándome y estirándome para hacerme reaccionar. Lo cierto es que lo consiguió, aunque no de la manera que esperaba, puesto que de un fuerte manotazo lo empujé para apartarlo bruscamente de mi lado, arrojándolo al suelo.

»Me excedí en la fuerza, pues impactó contra el terrazo, chocando primero su cuerpo y seguidamente la

76

cabeza. El intenso llanto de mi hijo alarmó a su madre, que vino corriendo y contempló asombrada la escena. Empezó a gritarme y a decir que todo se había acabado, que esto era lo que faltaba..., pero yo solo quería que me dejaran descansar y, lejos de alertarme, simplemente me di la vuelta, dándoles la espalda.

»Cuando me levanté por la tarde, ellos ya no estaban, se habían marchado. Esa fue la última vez. Desde aquel día, hace ya tres años, no he vuelto a ver a mi hijo.

Mis ojos estaban inundados de lágrimas, había sido difícil revivir el momento en que perdí a mi hijo.

Samin me abrazó, juntó mi cabeza a su pecho con fuerza y, aunque prácticamente era un desconocido, percibí su cariño, seguridad y energía. Liberé el llanto, no uno cualquiera, sino un llanto sincero, profundo e incontrolable que se extendió de forma prolongada. Samin me mantuvo sujeto, sin aflojar el abrazo. No hubo palabras, solo emociones, dolor expulsado mediante lágrimas. Unas lágrimas que fueron contenidas durante mucho tiempo y ahora no querían cesar.

Amargura, sufrimiento e ira salieron de mi cuerpo. No solo eso, también amor, un sentimiento que creía olvidado y, con un simple abrazo, volví a recordarlo.

—He perdido a mi padre, mi madre, mi mujer, mi hijo, mi casa, mi trabajo, mi dinero..., ¿se puede perder algo más? —proferí consternado.

—La pregunta está mal planteada, porque te centras en la «pérdida» —opinó Samin—. Desde tu perspectiva de la «pérdida», puede parecer que todo se fue, que nada queda en tu vida, porque has decidido verlo así.

—No lo he decidido —interrumpí—, es así.

—Es así como tú lo ves —zanjó Samin—. La realidad es una cosa y tu percepción, otra. Cuando cambies tu percepción y controles tu mente, te darás cuenta de que, en realidad, posees muchas más cosas que las que perdiste, lo que pasa es que, ahora mismo, no puedes verlo.

Samin cogió mi barbilla y me giró la cabeza para ponerla frente a él, en un intento de reclamar mi atención.

—Ganar o perder siempre es relativo —me dijo, pronunciando lentamente.

—¿Qué quieres decir? —pregunté confuso.

—¿Nunca has pensado en las cosas que pierdes cuando crees que ganas? —planteó Samin.

Me encogí de hombros, no sabía adónde quería llegar.

—Supongo que creerás que si en tu trabajo te ascienden de puesto, obteniendo un importante suplemento económico por ello, será algo positivo y, por la misma regla, si la mujer con la que estás casado te deja por otro hombre, será un hecho negativo..., ¿no es así? —preguntó.

—Por supuesto —afirmé con rotundidad.

—Bien, pues empecemos por «ganar» —dijo sonriendo—. Imagínate que después del ascenso y de estar muy contento por tu progreso profesional, cuando pasan un par de años, te das cuenta de que estás más tiempo trabajando que con tu familia; que antes tenías tiempo para viajar, leer o hacer deporte, y ahora el trabajo absorbe tu tiempo libre; que en tu anterior trabajo, cuando terminaba la jornada laboral, te ibas a tu casa y te olvidabas de él hasta el día siguiente. Sin embargo, con el nuevo puesto tienes mucha más responsabilidad y presión, por lo que es imposible desconectar; compruebas que tienes más encuentros con clientes que con tus hijos... Ahora tienes más dinero, una casa más grande y un coche mejor. En cambio, ¿cuántas cosas has perdido en tu supuesto triunfo?

Me sorprendió su reflexión, aunque no dije nada; esperé expectante a que continuara.

—Vayamos ahora con «perder» —continuó—. Basándome en el ejemplo inicial, tu mujer, a la que crees que quieres porque la conoces desde los quince años, te casaste con ella después de un largo tiempo de noviazgo, completando varios años unidos, de repente te abandona por otro hombre y te sustituye. Obviamente, en ese momento, es un hecho pernicioso, puesto que has perdido a la persona que creías tan importante para ti —apuntó—. «Todos estos años juntos y ahora se va con otro hombre y me deja solo», te repites mentalmente, castigándote y culpándola al mismo tiempo.

Samin, acariciando su barba como acostumbraba, hizo una pausa antes de proseguir con la segunda parte del supuesto.

—Un año más tarde, cuando menos lo esperas, sin buscarlo, conoces a una chica estupenda que te comprende, conectas con ella a la perfección, te sientes genial cuando estáis juntos, te atrae físicamente y te enamoras de ella como nunca antes lo habías estado, convirtiéndose, con los años, en la mujer de tu vida... Entonces ¿perdiste o ganaste?

Continué tácito, ciertamente esos argumentos me fascinaron, puesto que nunca se me había ocurrido verlo así.

—Por eso, perder o ganar es relativo, porque nunca puede valorarse en el momento que sucede, se necesita perspectiva temporal para entender si, realmente, ganamos o perdimos —concluyó Samin—. Siempre hay que levantarse ante cualquier supuesta pérdida o suceso negativo y comprender que, posiblemente, eso que crees que es lo peor que te ha sucedido, pasado el tiempo, se puede convertir en lo mejor que te sucedió. Si dejas de centrarte en la pérdida, verás que muchas cosas que en un momento te hacen daño, en el futuro se transforman en grandes enseñanzas, y cuando pierdes algo, puede ser porque un premio mejor te está aguardando.

»Aunque te parezca que es demasiado lo que has perdido, en realidad, tienes mucho más de lo que perdiste, solo falta que lo veas y te des cuenta. En este momento no puedes apreciarlo, porque tu vida se focaliza exclusivamente en lo que crees que te falta.

»Tu madre murió, forma parte de la naturaleza humana, ¿acaso le gustaría verte así?; en cuanto a la empresa, aunque te parezca un drama, solo es dinero, nada más; a tu padre y a tu hijo no los has perdido, siguen estando ahí, esperando una palabra mágica: "Perdón".

»Lucha por las cosas que te importan, no pienses en lo que has perdido, sino en lo que te queda. Cambia el planteamiento, tienes que dejar de ser un perdedor y convertirte en un ganador.

—¿Y eso cómo se consigue?

—¡Solo con querer saberlo lo estás consiguiendo! —afirmó Samin, enérgicamente—. ¿Recuerdas la «teoría de la reprogramación» de la que te hablé el primer día? —preguntó.

Confirmé con un movimiento de cabeza asertivo.

—El proceso consta de dos fases: primero restauras tu mente y, después, pensarás que la llenas de nuevo contenido, ¿verdad? —cuestionó.

—Supongo que sí —respondí dubitativo.

—¡Pues no! —exclamó—. Una vez que has vaciado tu mente, que has eliminado todo lo que te perjudica, todo el contenido sobrante, no hay que volver a llenarla. Hay que mantenerla limpia y albergar solamente los pensamientos justos y necesarios para conseguir tus metas, solo eso. Tu problema es que piensas demasiado; hay que liberar la mente y dejarla funcionar para crear tu vida, no para destruirla.

—Te empeñas en borrar cualquier huella de aprendizaje —recriminé.

—¡Es que no los necesitas! —gritó—. Crees que sí, porque esos aprendizajes llevan contigo toda la vida, sin embargo, son un lastre para ti. Tienes que distinguir entre aprendizaje y conocimiento —añadió—. Puedes tener conocimientos sobre distintas áreas: psicología, filosofía, medicina, historia..., y te serán útiles para tener cierta cultura y comprender aspectos esenciales. No obstante, una cosa es el conocimiento y otra, los aprendizajes sociales que has ido interiorizando a lo largo de los años. En la escuela aprendiste a calcular

81

una raíz cuadrada, estudiaste fórmulas químicas, te enseñaron los acontecimientos de la Revolución francesa... ¿De qué te han servido en la vida? No digo que estos aprendizajes no valgan para nada, pero ¿algún maestro te enseñó a enfrentarte a los problemas?, ¿a perseguir tus sueños?, ¿a ser libre?, ¿a canalizar emociones?, ¿a vencer miedos?, ¿a ser feliz?

—No —contesté.

—Y tus padres, ¿te lo enseñaron?

—No —volví a responder.

—¿La televisión te ayudó? ¿La gente con la que te rodeas normalmente lo hizo?

Negué con la cabeza.

—Al contrario —dijo Samin—. Te enseñaron que la vida es dura y llena de peligros, que no arriesgues, que desconfíes, que vayas con cuidado, que te adaptes a lo que hay, que aquello que llamas «sueño» es imposible. Te enseñaron simplemente a existir, no a vivir.

»Escuchas o lees las noticias y solo suceden tragedias en el mundo, ¿acaso no ocurren noticias buenas a diario? Claro que sí, pero no venden; hablas con tus compañeros de trabajo y ¿qué es lo que dicen?: "Vamos tirando", "ya me gustaría pero no puedo"; ¿qué te dice tu familia?, ¿qué te dices a ti mismo...? "No puedo".

»Las personas se quejan, pero se han conformado con llevar una vida ordinaria: "No sueñes o mayor será la decepción"; "no cambies o perderás lo que tienes". Nos han convencido de que no se puede. "Me quejo pero no actúo", "no me gusta mi vida pero no muevo un dedo por mejorarla". Ese es el resumen de la inacción que afecta a la sociedad —expresó—. Es como la historia que te conté del rinoceronte que era incapaz de dejar de andar en círculo, porque siempre lo había hecho así, es exactamente igual. La mayoría de la gente está tan acostumbrada a hacer siempre lo mismo que no es capaz de aspirar a algo mejor, aunque lo tenga frente a sus ojos. ¡Fuera con todo! ¡No los escuches! ¡No te conformes con una vida mediocre si puede ser especial!

Acompañaba sus argumentos de pasión, las palabras que emitía reflejaban auténtica convicción, sin duda lo que decía tenía fuerza, evidenciando que Samin creía ciegamente en los postulados que exponía.

—Reprogramar no consiste en reemplazar el contenido de tu mente —afirmó—, consiste en cambiar tu forma de pensar, la forma de ver las cosas, variar el orden de prioridades, tener otro enfoque... Debes cambiarlo todo, empezando por tu lenguaje. Se acabaron las frases derrotistas; se acabó el «no puedo»; se acabó el verbo condicional: «Lo haría», «me gustaría», «estaría bien...»; se terminó plantear las frases en negativo: «No estoy mal»; se acabó basar tu lenguaje en la queja. Olvídate de ello y comienza a hablar en positivo: «Estoy bien», «soy capaz», «lo haré»... Nunca digas «lo intentaré», sino «lo haré», aunque no sepas cómo, eso vendrá después. Cambia tu forma de hablar y tu mente cambiará su forma de pensar.

»Termina con el victimismo —prosiguió—, que es una enfermedad del siglo XXI; aparta el miedo, la inseguridad, el rencor; saca al niño que un día fuiste y sorpréndete por lo cotidiano, poniendo ilusión, motivación, energía y pasión en todo lo que hagas; elimina tus barreras mentales y sustitúyelas por objetivos, creando tu destino mentalmente; utiliza tu imaginación para planear la vida que quieres y no la que te asusta.

Increíblemente, sus palabras estaban consiguiendo animarme; sentí un despertar interior que no sabía describir, solo atisbaba que mi cuerpo se llenaba de energía conforme lo escuchaba.

—¿Conoces el «efecto Pigmalión y Galatea»? —preguntó Samin.

—Ni idea —respondí.

—Ovidio, en su libro X de *Las metamorfosis*, nos narra «el mito de Pigmalión», un escultor que creó una hermosa mujer tallada en marfil, enamorándose de su obra de tal forma que pensaba que podía ser real. La besaba, acariciaba y deseaba como si fuera su amada, anhelando que ese amor fuera cierto, hasta que un día la diosa Venus le concedió su deseo, otorgándole el don de la vida a la bella Galatea, lo que le permitió a Pigmalión hacer realidad su sueño y casarse con ella.

»Basándose en esta bonita fábula, surgieron los "efectos Pigmalión y Galatea", que son los que determinarán el éxito en tu vida —aclaró—. Estos efectos explican cómo lo que los demás piensan de ti y, sobre todo, lo que tú piensas de ti mismo influyen en tu vida y te encaminan hacia un lado u otro.

—¿Por qué? —pregunté intrigado—. ¿Cómo es exactamente?

—Me alegra que tengas curiosidad por saberlo —resaltó Samin, satisfecho—. El «efecto Pigmalión» se

84

centra en lo que los demás piensan de ti, principalmente las personas que son importantes para ti: tu familia, profesores y amigos —indicó—. Las expectativas que ellos tengan sobre ti, buenas o malas, condicionarán tu vida y tus logros o fracasos.

»Se han llevado a cabo varios experimentos al respecto, con resultados sorprendentes. Uno de los más conocidos fue el que realizaron Rosenthal y Jacobson en 1966. En una escuela, pasaron unas pruebas de inteligencia a los alumnos de primaria con unos resultados ficticios, haciéndoles creer a los profesores que el grupo con mejores resultados poseía una alta capacidad y, por tanto, esos estudiantes tendrían importantes progresos durante el curso y alcanzarían buenos resultados académicos.

»La muestra de supuestos alumnos con altas puntuaciones obtenidas en las pruebas fue totalmente aleatoria e inventada, ya que no midieron ninguna capacidad intelectual real. Sin embargo, al término del curso, este grupo obtuvo mejores calificaciones y progresó más que el otro grupo elegido como menos competente y de inferior capacidad.

»Esto demostró la relación existente entre las expectativas que tienen de ti los demás y tu propio rendimiento. Lo que los profesores pensaban de los alumnos fue suficiente para condicionar los resultados.

—Es interesante —comenté—. Aunque no termino de entender la relación.

—Las expectativas altas proporcionan una mayor motivación, más oportunidades, más atención, más

85

confianza, más dedicación, más elogios. En cambio, las expectativas bajas desembocarán en todo lo contrario, así de simple.

»Lo entenderás mejor con un ejemplo —enunció—. Thomas Edison, uno de los mayores inventores de la historia, siendo niño, fue expulsado por el director del colegio, alegando como motivo que era torpe intelectualmente y carecía de interés por aprender. Su madre, en vez de castigarlo y reñirle, realizó una proeza increíble: no solo le ocultó los motivos de su expulsión, sino que le contó que era un niño tan listo que en el colegio habían decidido mandarlo a casa, porque ya no podían enseñarle más. A partir de entonces, su madre cogió las riendas de su educación, le motivó, le ayudó, le enseñó y, lo más importante, le hizo creer que era un genio, convirtiéndose finalmente en eso mismo.

»¿Qué habría sucedido si su madre le hubiera contado la verdad cuando lo expulsaron? Si en lugar de animarlo, motivarlo y apoyarlo le hubiera transmitido que era un inútil, ¿crees que habría llegado a ser quien fue?

—Seguramente no —confirmé.

—Es probable que siguiéramos iluminando nuestras casas con velas —matizó Samin, burlonamente.

Acompañé su comentario gracioso con una cómplice sonrisa.

—Bien, pues ahora vamos con el «efecto Galatea», que es el que más me interesa y considero determinante, ya que se basa en las expectativas que tenemos de nosotros mismos, es decir, cómo influye lo que pensamos sobre nosotros y las cosas que nos decimos. La razón por

86

la que esto es fundamental es que las palabras y expectativas negativas hacia nosotros, provenientes de las personas que nos rodean, no nos dañarán si hacemos caso omiso o las obviamos, solo consiguen afectarnos cuando interiorizamos estos juicios emitidos por los demás y los hacemos nuestros. Por tanto, en última instancia, somos nosotros mismos quienes decidimos concederles credibilidad o desecharlos. De este modo, aunque es evidente que nos condicionarán, sobre todo a edades tempranas, poseemos el control acerca de lo que pensamos sobre nosotros, cómo nos vemos, cómo nos sentimos, lo que creemos que somos capaces de conseguir o no...; todo esto constituye el «efecto Galatea», que es lo que guiará nuestro rumbo y establecerá el alcance de nuestros frutos en la vida.

—¿Por qué es tan importante lo que pensemos de nosotros mismos? —cuestioné.

—Porque lo que pienses sobre ti es lo que serás, para bien o para mal —aclaró—. Lo que creas que puedes conseguir es lo que conseguirás.

Seguía sin concebir su explicación, no podía creer que fueran tan importantes nuestros pensamientos.

—¿Me quieres decir que puedes conseguir todo lo que quieras? —dije, con cierta incredulidad.

—Todo lo que quieras no, sino todo lo que puedas creerte —respondió—. Parece lo mismo, pero es muy distinto.

—¿Y cuál es la diferencia?

—La diferencia es fácil —apuntó—. Tú puedes querer muchas cosas, que no vas a lograr si no eres capaz de creértelas, y esto sucede porque piensas que son imposibles. Algunas realmente son imposibles y, por eso, es lógico que no creas en ellas con la convicción de que puedan convertirse en realidad. Por ejemplo, es difícil que a mis años piense que voy a conseguir una medalla en salto de longitud en los próximos Juegos Olímpicos o que me va a fichar un equipo de fútbol profesional. No obstante, hay otras muchas cosas que sí son posibles y nosotros nos hemos convencido de que no lo son. Están a nuestro alcance, pero las vemos remotas. Ahí está la principal diferencia entre quienes tienen la vida que sueñan y los que sueñan una vida mejor, porque para lograrlo no basta con soñarlo, hay que creer que aquello que persigues es posible y lo vas a conseguir; hay que visualizar todos los días cómo tus deseos se aproximan; debes convencerte de que sí se puede. Si lo que deseas es posible, también es alcanzable.

Hizo una pausa, quedando pensativo, para irrumpir de nuevo con una pregunta.

—¿Has oído el nombre de Fauja Singh?

—No me suena —respondí.

—Fauja Singh es el corredor de maratones más longevo de la historia, ya que consiguió completar el maratón de Toronto con cien años.

—¿En serio? —cuestioné asombrado.

—Lo más increíble no es eso, lo que realmente hizo grande a este hombre es que corrió su primera maratón con ochenta y nueve años. Había sufrido el duro revés de perder a su mujer y a uno de sus hijos en poco tiempo, lo que le hizo refugiarse en la práctica de la carrera, siendo ya octogenario, para superar su tristeza, completando nueve maratones hasta que decidió retirarse con ciento un años.

—Realmente admirable —expresé—. ¿Cómo pudo conseguir una hazaña así, con esa edad?

—La explicación de cómo lo consiguió es fácil: simplemente, no escuchó las voces que le dijeron que se trataba de una locura o un hecho imposible de alcanzar, él se dijo a sí mismo que podía hacerlo.

»La historia está llena de casos similares; la mayoría de las celebridades y grandes talentos de la humanidad han sido rechazados, obviados o ninguneados en muchas ocasiones. La diferencia esencial entre los que desarrollaron su talento específico, convirtiéndose en referentes en su campo, y los que nunca explotaron los dones extraordinarios que tenían, simplemente fue su mentalidad. Aquellos que creyeron en su capacidad, en sus posibilidades, y lucharon por sus objetivos ahora son recordados. En cambio, a los que se rindieron, o ni siquiera lo intentaron, nadie los conoce.

Cuando terminamos la conversación eran las tres de la tarde y todavía nos quedaban unos diez kilómetros por delante. Caminamos juntos hasta el albergue de Triacastela y llegamos cuando ya empezaba a oscurecer. El emplazamiento era bellísimo, un extenso valle envuelto de montañas y acotado por un río que rodeaba el paraje.

Curiosamente, estaba ante la misma belleza natural que había pasado inadvertida para mí el día anterior.

Capítulo VII

DÍA 2

Por la mañana nos despedimos. Desayunamos juntos y, después, me dijo que debíamos separarnos. En adelante, tenía que proseguir yo solo. Habría preferido continuar con su compañía, pero lo acepté sin protestar; sabía de antemano que sería así, con independencia de que me pareciera bien o mal. Samin lo dejó claro desde el inicio.

—Nos veremos en Santiago —concluyó Samin.

Un rápido abrazo y desapareció.

En torno a las siete de la mañana inicié la etapa. Portando la mochila que Samin me había preparado y ayudado de un bastón, comencé a transitar la senda que conducía a la localidad de Sarria.

En esta ocasión, movido por las lecciones de Samin, quería contemplar más mi alrededor y centrarme en los sentidos, para poder experimentar lo que sucedía durante el trayecto, algo que fue imperceptible el primer día que caminé solo, ya que estuve más tiempo mirando al suelo que al frente, pendiente únicamente de seguir la dirección correcta y de acabar en el menor tiempo posible.

«Debes mantenerte justo en el instante en el que estás, recuerda dejar la mente apartada de distracciones y no pienses, solo siente», me advirtió Samin el día anterior.

La tarea no era fácil para una mente incontrolable como la mía. Aun así, seguiría sus consejos e instrucciones, probaría, al menos, a buscar lo que él llamaba «momento *satori*».

Satori es un término japonés que se asocia a un estado de iluminación profunda. Sin embargo, según me explicó, está al alcance de cualquier persona. Para Samin, el «momento *satori*» se produce cuando la mente está paralizada en el presente y dejas actuar a los sentidos para que capten cada detalle del instante que vives, como si no hubiera nada más, como si no existiera otra cosa aparte de lo que ves y oyes en ese preciso lapso, consiguiendo un estado de total atención y concentración, hasta el punto de que la percepción temporal se desvanece y solo concibes lo que acontece delante tuyo. Cuerpo y mente están en conexión y armonía para vivir la experiencia presente.

Según Samin, cuando consigues este «momento *satori*», la paz interior proporcionada es única y libera tus verdaderas emociones, sin ninguna perturbación ajena.

«Los pensamientos negativos solamente se encuentran en el pasado o en el futuro, es imposible hallarlos en el instante presente», me había explicado Samin.

Caminé alrededor de dos horas y, durante este tiempo, intenté discernir los detalles que me rodeaban, aquello que mis ojos y oídos podían percibir, procurando mantener la mente despejada. Esta era la parte difícil, ya que los más dispares pensamientos aparecían para distraerme y llevarme a otro tiempo y lugar impidiendo, con frecuencia, estar donde realmente estaba.

«Si quieres controlar tu mente, no le hagas caso, no le prestes atención, no dejes que te traslade a otro sitio. Tu mente se irá a otra parte muchas veces, es algo inevitable, ya que a ella le gusta viajar de un lado para otro, eres tú quien debe ordenarle que regrese cada vez que eso suceda, basta con decirle la palabra mágica "vuelve" y, automáticamente, estarás en el presente de nuevo», ponía en la nota que Samin me había escrito, con el objeto de recordarme la fórmula para conseguir el control mental.

Hizo hincapié en que no me desanimara si no lo conseguía; me dijo que, al principio, era muy complicado mantener presente una mente no entrenada.

Samin me explicó que, al comenzar a poner en marcha la técnica, tardaría en darme cuenta de que la mente se alejaba del lugar donde se encontraba. Sin embargo, con la práctica, conseguiría percatarme enseguida y podría frenar el avance de forma inmediata.

Por eso, cada vez que aparecía un pensamiento distractor, tan pronto como era consciente de ello, lo apartaba fulminantemente, antes de que fuera a más.

Lo cierto es que no lo conseguí y, durante el tiempo que había caminado, solamente pude mantener la atención constante durante algunos minutos, intercalando viajes mentales al pasado o futuro con retornos al presente, como un vaivén interminable.

La delicada conversación del día anterior, en la que me abrí para liberar palabras encerradas, había removido mi mente y, a menudo, venían ciertos recuerdos. Sin embargo, a diferencia de lo que solía ocurrir, esta vez no sentía frustración ni angustia al evocarlos, sino más bien añoranza. Incluso experimenté sensaciones de sosiego que estaban extinguidas en mi interior.

Pensé, especialmente, en mi hijo. Una y otra vez venían a mi memoria momentos vividos, cuando tenía una auténtica familia. Recordé el día que nació Andrés. ¡Fue maravilloso! Llegué justo a tiempo para asistir al parto. En una pequeña sala, acompañando al médico y sus ayudantes, me situé detrás de mi esposa, agarrando su mano para darle ánimos. Justo antes del nacimiento, la matrona me dijo que me acercara, para poder ver de frente el instante imborrable. Ese pequeño ser, que había estado gestándose, salía apresuradamente ante mis ojos. De un súbito impulso, llegaba a su nuevo mundo. Ese fue el día que aprendí que también se podía llorar de felicidad.

Los primeros meses era pura atracción hipnótica lo que sentía. Me quedaba horas mirándolo, absorto en sus ojos, en su pequeña carita, sus manos, sus movimientos y gestos. ¿Cómo un ser tan pequeño puede generar esos sentimientos tan grandes?

Lo que más me gustaba era dormirlo apoyado en mi pecho. Su cuerpo desplegado sobre el mío, y su delicada mejilla rozando mis labios, era la postura que me hacía alcanzar el paraíso. Solo con recordarlo, mi piel reaccionaba con fervor.

Esa sensación de bienestar hacía que el tiempo se paralizara, y solo su repentino llanto, reclamando sustento, lograba activar de nuevo el reloj.

Estuve junto a él en sus primeras hazañas, por ejemplo, cuando comenzó a dar los incipientes pasos o pronunció sus primeras palabras. Ambos estábamos tumbados en la alfombra del salón. Yo lo miraba fijamente, como de costumbre; él rodaba longitudinalmente como un tronco, chocándose contra mí. Lo hacía una y otra vez, riendo a carcajadas cada vez que su cuerpo colisionaba con el mío. De pronto, cesó su movimiento, me devolvió la mirada penetrante y, súbitamente, salió de sus labios «papá». Creo que hay pocos momentos comparables, una sola palabra me llenó más que todas las oratorias escuchadas en la universidad.

Estaba deseando terminar mi jornada laboral para verlo. A veces, lo llamaba únicamente para oír sus balbuceos, y los fines de semana estaban a su entera disposición. Jugábamos incesantemente, sin darme cuenta del tiempo, no me acordaba ni de comer. Le cantaba canciones, hacía espectáculos con marionetas, bailábamos, jugábamos con la pelota..., siempre estábamos compartiendo.

Cuando cumplió un año, durante un mes, recorrimos Europa, viajando por Reino Unido, Francia, Portugal e Italia. ¡Fue increíble! Mi mujer, mi niño y yo, los tres juntos transitando kilómetros, visitando lugares emblemáticos, viviendo experiencias fantásticas..., los tres juntos, unidos.

No recuerdo el momento en que empecé a descuidar su afecto, el momento en que, sin darme cuenta, pasaban días enteros sin verlo, a veces incluso estando en casa. Un beso de buenas noches era nuestro único vínculo. No le dedicaba tiempo para contarle un cuento, para jugar con él, para escucharle, para llevarlo al cole... ¿Por qué cambié tanto?

Lo que más había querido, mi principal prioridad, cayó en el olvido. No solo él, también la persona que iluminó mi vida, que prometí amar, y realmente amé, pasó a ser una extraña, un ser ajeno con quien nada compartía, solamente una morada.

Me perdonó infidelidades, desprecios, reproches, desatención... Una y otra vez caía en el mismo error de indultarme, pensando que no volvería a suceder, con la esperanza de hallar un cambio que, por supuesto, nunca llegó.

Mi frecuencia armónica comenzaba a invertirse, el bienestar cedía terreno a la ira. Conforme aparecía en la memoria mi manual de autodestrucción, despertaba la irritabilidad en mi cuerpo, que aumentó al refrescar aquel día en el que todo terminó, si es que algo quedaba, puesto que, realmente, hacía tiempo que estaba ya finiquitado. Simplemente, constituyó la gota que desbordó el vaso.

Aquel día, mi hijo únicamente quería jugar un poco con su padre, que le prestara atención, que le regalara un ápice de tiempo. La reacción de un monstruo fue lo que obtuvo por respuesta.

¿Qué clase de padre hace eso? ¿Qué padre puede lastimar a su hijo, solo porque este desea jugar con él?

96

«No puedo regresar ahora, tan alegremente, y pedir perdón sin más. Las palabras de Samin suenan muy bien, pero son música estéril. ¿Cómo voy a reparar el daño que he hecho y recuperar la vida que tuve? ¿También voy a conseguir un trabajo? ¿Mis deudas van a desaparecer?

»Mi caso está perdido, es inútil ilusionarme, pensar que es posible y después llevarme un golpe mucho mayor, la realidad me tumbará de nuevo. Quizá, si tuviera veinte años sería distinto, podría caber otra oportunidad. No obstante, llego tarde, ya no hay posibilidad de enmendar errores, de «reprogramar» o llevar a cabo todo lo que Samin veía viable.

»Agradezco haberme cruzado con Samin, realmente logró animarme y hacerme ver las cosas diferentes, consiguió que lo intentara, sembrar la duda en algo que parecía tener claro y, gracias a él, estoy aquí debatiendo mi destino.

»Un destino incierto todavía, aunque difícil de modificar, de alterar lo previsible. De todos modos, pondré en práctica la sabiduría de Samin y procuraré centrarme en el día a día, momento a momento, sin vaticinar el futuro ni adentrarme en lo que pasará al término del Camino.

»Seguiré su consejo y pensaré lo menos posible en el futuro. Finalizaré este peregrinaje, lo haré por Samin y también por mí. Llegaré a Santiago de Compostela, quiero conseguir este reto en el que estoy inmerso. Una vez que llegue al final del recorrido y que este viaje concluya, entonces decidiré.

Sin esperarlo, crucé el río Sarria, que advertía de que el destino estaba próximo. Una etapa corta, de poco más de dieciocho kilómetros, que había superado con relativa facilidad. Discurrí por la calle principal de Sarria, donde se encontraba el albergue municipal.

Había mucha gente en la puerta, demasiada.

—Está completo —oí, justo cuando llegué hasta la maraña de gente.

Identifiqué de dónde procedía la voz. Era una joven sentada en el bordillo de la acera. Me sorprendió su belleza, tenía un rostro con unas facciones perfectas, al menos a mí me lo pareció.

—¿Completo? —cuestioné extrañado, puesto que era la primera vez que me sucedía.

—Sí, Sarria es una localidad muy concurrida —aclaró la chica—. Es el primer punto del Camino Francés desde donde se puede conseguir la Compostela.

—¿La Compostela? ¿Qué es eso?

—¡No me digas que no sabes lo que es la Compostela! —exclamó asombrada de mi ignorancia, al mismo tiempo que se incorporaba, ubicándose frente a mí.

Negué con la cabeza.

—La Compostela es un documento que se entrega en Santiago a todos los peregrinos que hayan concluido el Camino por motivos religiosos o espirituales. La distancia a pie requerida es de, al menos, cien kilómetros..., el trecho que dista entre Sarria y Santiago. Por eso hay tanta gente en este sitio, porque es el lugar desde donde muchos comienzan.

—No tenía ni idea —admití.

98

—Aunque necesitas una credencial.

—¿Creden... qué?

La chica rio sonoramente ante mi nueva laguna.

—Debes de ser el único peregrino que no sabe de lo que estoy hablando —indicó, cubriendo la sonrisa con su mano—. La credencial es una especie de diario en el que se van poniendo sellos de los lugares por los que pasamos, para dar fe del trayecto recorrido.

—Gracias por la información, no lo sabía, aunque, la verdad, tampoco me interesa ningún certificado acreditativo —expresé.

—Al menos como recuerdo está bien.

—No lo dudo, pero no para mí —indiqué, zanjando el debate.

Avancé unos pasos hacia mi derecha para visualizar un cartel pegado en la puerta de entrada, que confirmaba que el albergue estaba lleno.

—Nosotras estamos alojadas en un hostal cercano —dijo, señalando a otras dos chicas que se encontraban hablando en la esquina—. Puedes intentar quedarte allí, la habitación está bien y es económica.

—¿Dónde está exactamente? —pregunté.

—Te acompaño.

Cogió un bolso del suelo, lo colgó sobre su hombro y comenzó a andar delante de mí. Cuando reaccioné, apresuré la marcha para colocarme a su lado. Recorrimos la calle hasta llegar a su término, giramos a la izquierda y, al fondo de un callejón, se encontraba el hostal.

—Aquí es —indicó, deteniendo la marcha.

El hostal tenía buen aspecto, por lo menos la recepción estaba reformada y exhibía una moderna imagen.

—Diles que eres peregrino para que te apliquen el descuento —aconsejó mi puntual acompañante.

—Muchas gracias por haberme ayudado.

—No hay de qué. Mi nombre es Martina y... ¿el tuyo?

—Soy Marcos —respondí.

Martina se acercó y, educadamente, me confirió sendos besos en las mejillas, recibiéndolos con parsimonia, producto de mi abstracción.

Uno de los besos rozó la parte externa de mi boca. No fue gran cosa, aunque lo suficiente para provocar un liviano escalofrío en mi cuerpo. Era lo más libidinoso que había tenido desde hacía mucho tiempo.

—Vuelvo con mis amigas —dijo Martina—. Que descanses.

Se despidió, moviendo la palma de su mano, y se alejó trotando con gráciles movimientos que contemplé sosegadamente, hasta que su figura se perdió al torcer la esquina.

Subí a mi habitación. A diferencia de los días anteriores, esta vez gozaba de un cuarto privado, que me permitiría pernoctar sin la compañía de múltiples peregrinos. No tendría que oír ronquidos ni madrugadores pasos o luces de linternas que comienzan a destellar cuando todavía no ha salido el sol; podría hacer el ruido que quisiera o encender la luz sin molestar a nadie.

Me descalcé, lanzando mis botas al aire, sin preocuparme dónde cayeran. Desabroché el botón de mi pantalón y me tendí sobre la colcha de la cama.

Podría tener un completo descanso, durmiendo en una cama que no era una litera, disfrutando de la tranquilidad existente, si no fuera por que observaba las paredes que me cercaban y parecía que se me iban a caer encima.

Sería perfecto, de no ser porque me sentía como esta habitación: vacío.

Capítulo VIII

DÍA 3

Cuando observé mi reloj, me percaté de que no me había enterado de la alarma, y ya eran las siete y media de la mañana. Conciliar el sueño había resultado una tarea ardua, despertándome con frecuencia durante la noche, lo que provocó que, a la hora prevista para levantarme, me encontrara en plena somnolencia.

Estuve tentado de seguir en la cama y alargar el descanso indefinidamente. Al final, tras una breve lucha interna, vencí la oposición de mi cuerpo, logrando ponerme en pie.

Una vez ataviado con mi indumentaria habitual, bajé las escaleras del hostal hasta la cafetería. Había muchísimos peregrinos. A diferencia de las etapas anteriores, en las que no existía dificultad para sentarme a desayunar, en esta ocasión tenía que buscar con esmero un sitio libre.

Detrás de mí, oí una voz femenina que me llamaba por mi nombre. Me giré con ímpetu, identificando a Martina, la chica que había conocido la tarde anterior.

—Puedes compartir mesa conmigo —sugirió.

Sin pronunciarme, hice caso a su invitación y me senté justo enfrente de ella. Me sorprendió verla sola, aunque no debería, puesto que yo también lo estaba.

—¿Dónde están tus amigas de ayer? —pregunté.

—Ellas madrugan mucho, yo prefiero ir más relajada, estoy aquí para disfrutar, no me lo quiero tomar como un trabajo —respondió riendo.

Cuando sonreía, su cara se tornaba especialmente bonita.

Seguimos charlando durante el desayuno de forma fluida. Me sentía muy cómodo con ella, como si la conociera desde hacía muchos años. Hay personas con las que conectas desde el principio y no existe la necesidad de estar buscando incesantemente temas de conversación o forzando el diálogo. Martina era una de esas personas, la conversación surgía espontánea, el silencio no desagradaba y las palabras brotaban sin tener que pensar qué decir. En definitiva, durante los treinta minutos, aproximadamente, que estuvimos conversando, me encontré muy a gusto.

Martina propinó un último bocado a su tostada y, seguidamente, se levantó, cargando su mochila a la espalda.

—Es momento de empezar a andar —expresó—. ¿Vienes?

Esa inesperada pregunta me descolocó, dejando que mi mente escogiera por mí de forma inconsciente, emitiendo una respuesta automática.

—Esperaré un poco a que se despeje el sendero, hay demasiada gente.

Noté que la expresión de su rostro cambió, aparentando seriedad. Quizá, percibió que no quería caminar con ella, aunque no comentó nada ni rebatió mi decisión.

—Muy bien, pues supongo que nos veremos en el Camino —indicó, anticipando el adiós.

Solo se me ocurrió asentir con la cabeza.

Con un simple movimiento de mano anunciamos la sobria despedida, permaneciendo impasible en mi silla. Me limité a voltear el cuello para comprobar cómo se distanciaba, desvaneciéndose su silueta entre la marabunta.

Mientras analizaba el motivo por el que había decidido no acompañarla, pensando, incluso, que probablemente había sido una estupidez, oí ruido de pisadas a mi espalda.

—Por si no nos viéramos, si algún día vas a Valencia, puedes llamarme. —Martina reapareció y dejó sobre la mesa un trozo de papel.

Cogí la nota con sorpresa, comprobando que estaba escrito, con bolígrafo, un número de teléfono.

Cuando quise reaccionar, y antes de que fuera capaz de enunciar alguna palabra, Martina ya se había alejado, desplazándose velozmente hacia el lugar de donde provenía.

Doblé el papel y lo guardé en mi bolsillo. Sin duda, tenía un motivo añadido para visitar la encantadora ciudad de Valencia.

Transcurrido un largo periodo, en el que la cafetería se fue vaciando hasta el punto de encontrarme aislado, abandoné mi cómodo emplazamiento, dispuesto a iniciar la marcha.

Dejando atrás Sarria, crucé un puente y comencé a avanzar por la pista forestal, contigua a una vía de tren, adentrándome por un paraje de extensos prados donde las vacas pastaban libremente. Disfrutaba del recorrido, sobre todo por el hecho de avanzar la mayor parte del tiempo en solitario, ya que la presencia de peregrinos, a esas horas de la mañana, era limitada. Algo difícil de presagiar, teniendo en cuenta la muchedumbre existente al inicio.

Estaba animado, incluso me atreví a entonar alguna canción a viva voz. Quizá el encuentro con Martina había tenido mucho que ver en mi renovado estado anímico.

Empecé a visualizar que iba a visitarla a Valencia. Imaginé que Martina me esperaba en la estación de tren para hacer de guía anfitriona y mostrarme los principales puntos turísticos de la ciudad. Proyecté la escena en la que comíamos juntos una fantástica paella, en un restaurante cercano a la playa de la Malvarrosa. Concluimos el menú degustando una excelente ginebra mientras charlábamos y reíamos animadamente. Después, avanzamos hasta la playa, nos descalzamos y paseamos cogidos de la mano, hasta llegar a un rincón tranquilo y aislado, compartiendo escenario solo Martina y yo. Nos sentamos en la arena a contemplar la puesta de sol y, cuando los últimos rayos expiraban, acaricié su pelo y dejé que sus bucles jugaran con mis dedos. Ella me miró y yo la miré; sin decirlo, sabíamos lo que pensábamos. Me incliné hacia ella y besé sus labios lentamente, incrementando poco a poco el fervor, hasta que mis manos adquirieron protagonismo, acariciando su espalda, su nuca, sus senos. Martina se dejó caer sobre la arena y arrastró mi cuerpo con ella. Recorrí su cuello con mis labios, abrazándonos tan fuerte que, enardecidos, rodamos por la arena. Sin importarnos manchar nuestra ropa, giramos entrelazados, besándonos con pasión hasta que la luz desapareció y la luna despertó.

Seguí vislumbrando que nos íbamos a vivir juntos a una casita, alejados de la civilización, un lugar perdido en mitad de la sierra, con un precioso jardín, donde jugaba mi hijo Andrés. Podía verlo con su bicicleta, dando vueltas por el perímetro del jardín con esa sonrisa que le caracterizaba. Él y yo, juntos, haciendo carreras de árbol a árbol, bailando nuestras canciones favoritas, celebrando los goles, revolcándonos por el suelo; él y yo consumiendo las horas entre risas y abrazos; él y yo, inseparables, como años atrás.

Súbitamente, desperté de mi sueño perfecto y regresé en picado a la realidad; no a la realidad idealizada que estaba creando, sino a la realidad verídica, la que me recordaba mi situación fehaciente.

¿Qué hacía soñando? ¿Qué hacía imaginando planes utópicos? Mi hijo no estaba ni estaría.

¿Quién era Martina? Una chica que acababa de conocer, de la que apenas sabía nada y, sin embargo, ya me veía viviendo felizmente con ella.

¿Qué hacía ilusionándome con cosas irreales?

«Espabila, Marcos, y déjate de quimeras», me repetí a mí mismo. Mi ánimo se estaba desplomando y sentía rabia, aunque no sabía exactamente hacia qué ni quién. Tal vez, lo que me hacía sentir rabioso era el dilema de querer soñar y el miedo a soñar.

¿Qué me estaba pasando? Tenía claro que no quería seguir, ansiaba apartarme del mundo y, ahora, me veía haciendo planes de futuro, planes felices disfrutando de una nueva vida.

«No puede ser, Marcos», insistí, convenciéndome de que se trataba de un error. No quería ilusionarme para después estrellarme, esto solo me traería más sufrimiento. Esa fase ya la tenía superada, hacía tiempo que me había rendido y no podía caer en la trampa de pensar que tendría un nuevo comienzo con mi hijo, una mujer maravillosa a mi lado y una familia, porque eso ya lo perdí y no se puede recuperar.

A lo lejos, divisé un pequeño restaurante, que podía ser una parada recomendable para ingerir un tentempié y recobrar energía, sobre todo teniendo en cuenta que todavía restaban varios kilómetros hasta el destino.

Accedí al restaurante por la minúscula puerta de entrada. En el interior, únicamente se encontraba un cliente apoyado en la barra tomando un café. Me acerqué hasta el mismo lugar, esperando que alguien apareciera para atenderme. Después de unos minutos aguardando, opté por descargar mi mochila y sentarme en un taburete. Finalmente, asomó una camarera detrás de la barra y aproveché para pedirle un bocadillo.

Noté que el hombre, que estaba a mi lado, me miraba repetidas veces y, en una ocasión en que nuestras miradas se cruzaron, me saludó.

En ese momento, regresó la camarera con un bocadillo de jamón que, prácticamente, era una barra de pan entera, sin los picos. Menos mal que tenía hambre.

—Que aproveche —pronunció el hombre que me acompañaba.

Sin apenas mirarlo, le di las gracias al tiempo que iniciaba la degustación de mi almuerzo.

—¿Desde dónde vienes? —preguntó.

La pregunta me incomodó, ya que no tenía ninguna intención de conversar; lo único que me apetecía era descansar un poco, en silencio y tranquilo, sin que nadie me molestara, y menos aún un desconocido. Lo que sucedía era que, tal y como había comprobado en los días que llevaba recorriendo el Camino, la gente se empeñaba en entablar conversaciones, en preguntarte por tu vida sin conocerte. Francamente, era difícil imaginar esta cordialidad en otro contexto, por ejemplo, transitando por las calles de Madrid, no me veía preguntándole a la gente con la que me cruzaba: «¿Qué tal está, señora? ¿De dónde es usted? ¿Cómo va todo?».

Aquí era distinto, la gente actuaba con una simpatía inusual, parecía proceder de otro mundo. Me recordaba a cuando era adolescente y visitaba el pueblo de mis padres; los ancianos me paraban, sin conocerme de nada, para preguntarme quién era o de qué familia descendía.

—Vengo desde O Cebreiro —respondí escuetamente.

—Bonito lugar —indicó—. Yo comencé desde Saint-Jean-Pied-de-Port, el principio del Camino Francés.

Percibí que, a no ser que me comportara de forma maleducada, el diálogo era ineludible. Al menos, lo intenté. Sin darle importancia a su respuesta, simplemente asentí con la cabeza y continué mordisqueando mi bocadillo.

—¿Por qué estás haciendo el Camino?

Tal y como intuía, mi indiferencia no fue suficiente para aplacar su curiosidad.

—No tengo ningún motivo —expliqué.

—¡Vaya! ¡Eso es buena señal! —dijo con entusiasmo—. Muchas personas realizan el Camino porque están en proceso de búsqueda, para encontrarse a sí mismas, porque necesitan hacer autoanálisis de su vida... No tener ningún motivo para hacer el Camino es algo por lo que estar agradecido.

—Yo he dicho que no tengo ningún motivo para realizar este Camino, no que ello implique estar agradecido —aclaré—. En realidad, no tengo razones para estar agradecido.

Mi última afirmación le causó profundo asombro, apartando airadamente el café de sus labios y posándolo sobre la mesa con un rápido gesto. Parecía que hubiera pronunciado palabras prohibidas.

—¿¡Cómo!? ¿¡Lo dices en serio!? —exclamó con un semblante que reflejaba desconcierto.

Sin saber qué decir, simplemente arqueé mis cejas como respuesta.

—Precisamente es todo lo contrario —continuó—. Tienes que dar gracias por todo: por estar aquí, por haber venido caminando, por poder estar hablando en este momento, por poder comerte ese bocadillo, por estar viéndome..., ¡por estar vivo! —terminó.

No quería resignarme a que este hombre que acababa de conocer, que no sabía nada sobre mí, se permitiera opinar sobre lo que debía o no debía hacer.

—A lo mejor tú puedes decir eso; pero cuando es más lo que has perdido que lo que tienes, entonces el agradecimiento no tiene cabida —revoqué sus argumentos.

—No sé quién eres ni lo que has perdido, aunque de eso te aseguro que también puedo hablar, y en ningún caso es una razón que exima de la gratitud —indicó.

Hizo una pequeña pausa, acabando su café de un último trago, lo dejó sobre la barra, se limpió con una servilleta de papel y continuó con su exposición.

—Hasta a la persona más feliz del mundo un día le puede cambiar la vida repentinamente, y ese día marca un antes y un después con dos alternativas: puedes hundirte o puedes hundirte y levantarte.

»La vida es imprevisible y eso la hace hermosa, porque constituye una sorpresa. Si conociéramos el guion, carecería de aliciente. Sin embargo, al mismo tiempo, las sorpresas no siempre son agradables, a veces te sacuden con dureza. En ese momento, piensas que eres la persona más desgraciada del mundo, hasta que aceptas el destino, comprendiendo que no se puede cambiar, aunque sí se puede reescribir, y ese proceso no empieza mañana, sino hoy. Hoy es el momento para echarle valor, para apreciar lo que tienes, para comenzar cualquier proyecto, para soñar despierto, para sonreír, para viajar, para decirles a tus seres queridos lo que sientes..., hoy es el momento, porque mañana puede ser tarde.

Observé que sus ojos se cubrían de lágrimas, y utilizó una servilleta de papel para secárselas. Hizo una pausa, que respeté en silencio. Apuntó su vista hacia el techo, con la mirada perdida, y justo después retomó el monólogo.

—Yo también era como tú, pensaba que no tenía motivos para dar gracias, simplemente porque trabajaba varias horas en un trabajo que no me gustaba, aunque me proporcionaba suficiente dinero para vivir cómodamente. Me quejaba continuamente, de forma sistemática. El poco tiempo libre del que disponía lo malgastaba en el sofá, viendo la tele en el salón de mi casa, sin más distracciones.

»Siempre he gozado de buena salud, no obstante, si un día me dolía la cabeza, era algo gravísimo; si tenía un simple resfriado, maldecía mi suerte. A mi mujer y mis hijos los quería mucho, aunque nunca se lo decía, siempre eran más las veces que les recriminaba alguna conducta que las que les demostraba mi aprecio. Tenía dinero, una familia y salud, tres pilares fundamentales que pasaban desapercibidos para mí, no agradecía lo que tenía, solo me quejaba por lo que creía que me faltaba. Realmente, vivía cabreado, convirtiendo en un problema cualquier circunstancia superficial.

»Una tarde de agosto, me disponía a pasar dos semanas en un apartamento en la playa con mi mujer y mis dos hijos. Las ansiadas vacaciones que, en realidad, solamente se disfrutan antes de que lleguen, porque, cuando llevas unos días, pasas más tiempo pensando en el regreso que en aprovecharlas, por nuestra estúpida manía de anticipar el futuro.

»Justo cuando estábamos preparados para partir, me llamó mi jefe. Debía asistir a una reunión muy importante y retrasar un día mis vacaciones. Por supuesto, me afectó muchísimo y me pareció un drama ese día de vacaciones que perdería. El apartamento ya estaba alquilado y todos estábamos listos, por lo que acordamos que mi familia viajaría primero en el coche y yo iría al día siguiente en tren. Fue la solución que discutimos y, con enfado, decidimos finalmente, porque nos parecía un auténtico trastorno de nuestros planes, además de que debatiéndolo habíamos perdido dos valiosas horas en las que mi familia podría estar tumbada en la playa —añadió con ironía.

»Estaba en plena reunión, junto a mi jefe y demás integrantes de la empresa, cuando la secretaria entró a la sala sin llamar a la puerta y me dijo que saliera, que tenía algo importante que decirme. Solo con ver su semblante, entendí que "importante" significaba "mala noticia".

Noté que al desconocido que me estaba contando su historia comenzaba a temblarle la voz y le resultaba difícil expresarse con fluidez; aun así, continuó su alegato con una pregunta.

—En un trayecto de doscientos kilómetros, ¿sabes cuál es la diferencia entre conducir a ciento veinte kilómetros por hora o a ciento cincuenta kilómetros por hora?

Negué con la cabeza.

—La diferencia son veinte minutos —afirmó—. Veinte minutos costaron la vida de mi mujer y mis hijos.

Un escalofrío recorrió mi cuerpo, no esperaba ese desenlace.

—Durante mucho tiempo me lo repetí a diario: «Veinte minutos tuvieron la culpa». Me gustaba castigarme mentalmente, sentirme culpable de lo ocurrido, responsable por haberles dejado marchar solos. No entendía que yo estuviera vivo y ellos no.

»Pasada la etapa de duelo, comprendí que era un desgaste inútil lamentar día tras día lo ocurrido; las cosas simplemente suceden y vivir con ese rencor suponía una carga inicua que no debía portar. Perdí muchísimo aquel día, durante dos años únicamente me refugié en el dolor. Ahora, en cambio, doy gracias, incluso, por no haber estado en el coche. Me hundí y me levanté, escogí la segunda opción, la difícil. Me desprendí del sentimiento de culpa que me había acompañado y conseguí aceptar que no fui causante de lo acontecido. Aparté el remordimiento y luché por ser la persona que ellos hubieran querido que fuera.

»¿Sabes de lo que me arrepiento? ¿La única cosa que me remuerde? —indagó.

—No lo sé —respondí.

—Si tuviera la oportunidad de volver atrás, no pasaría ni un solo día sin decirles que los quería, los besaría continuamente. Eso es lo que de verdad me duele, que no les dije lo mucho que los amaba cuando estaba con ellos, que no los abracé lo suficiente y no les demostré el gran afecto que les tenía.

»Por favor, hazme caso —recomendó—. Llama a los seres que sean importantes en tu vida y diles que los quieres, pero hazlo hoy, no esperes a que sea tarde. No seas estúpido y no permitas que la vergüenza o el orgullo te impidan pronunciar dos palabras, que al unirlas se llenan de poder, como son "te quiero". No basta con que tú lo sepas, tienes que expresarlo, debes demostrarles, con palabras y gestos, el amor que les profesas.

»Escúchame y llámalos —insistió—, no porque sea el cumpleaños, el aniversario o el día del padre, hazlo sin motivo, diles lo mucho que los quieres, sin más, no tiene que haber ninguna razón concreta. Un beso, un abrazo, un "te quiero" pueden cambiar la vida de los demás y la tuya. No puedo negar que la pérdida de mi familia supuso un daño irreparable que siempre estará presente. Sin duda, lo ocurrido cambió mi vida, apartándome de lo más importante que tenía, aunque este suceso implicó también otros muchos cambios en mi persona que me hicieron evolucionar, puesto que ahora sé que las cosas valiosas hay que cuidarlas. Agradezco todo lo que tengo, todo lo que hago y todo lo que soy, porque he comprendido que aquello que crees tener seguro lo puedes perder. Por ello, doy gracias a diario hasta por las cosas más simples, que pasaban inadvertidas en el pasado, y ahora entiendo que son las más importantes.

»En definitiva, como consejo desde mi experiencia, te diré que valores cada cosa que integra tu vida, sobre todo las más esenciales, porque cuando pase el tiempo, te darás cuenta de que, en realidad, eran las principales. Otra cosa importante es que debes vivir mostrando gratitud continua hacia todo lo que posees y, por último, no olvides que un día vas a morir, ya que la muerte nos ayuda a relativizar las cosas. Comprender que la vida es limitada te ayudará a no desperdiciarla.

El consejo me caló y me sentí aludido, ya que eso era precisamente lo que estaba haciendo yo: desperdiciar mi vida.

Aquel hombre, del que ni siquiera sabía su nombre, se despidió de forma fugaz y abandonó la reducida sala del restaurante para proseguir su recorrido. En mi plato todavía quedaba inalterado más de medio bocadillo, aunque el apetito se había disipado.

Durante minutos, permanecí inerte, en *shock*, asimilando la lección recibida.

Una vez dispuesto, continué con la etapa. Me acordé de mi madre. Ella había sido todo, la quería desmesuradamente, pero nunca se lo dije, lo guardé para mí.

Aunque no cabe duda de que ella lo sabía, seguramente no podía imaginarse que la quisiera tanto, que fuera mi faro y la persona a la que más necesitaba.

¿Por qué nunca se lo dije? Era inmenso el cariño que le tenía y no fui capaz de regalárselo a sus oídos.

Ni siquiera me planteaba la necesidad de demostrarle mi afecto, porque lo daba por hecho. Pensaba que siempre estaría ahí, que no hacía falta decirle lo que sentía, porque era mi madre y su amor lo tenía asegurado.

Ella, siempre que podía, me llenaba la cara de besos, y yo no solo no le correspondía, sino que me apartaba diciéndole: «¡Ay! ¡Ya basta, mamá!».

Ahora, daría lo que fuera por recibir un solo beso suyo, por poder abrazarla y decirle todo lo que no le dije.

Enredado en nostálgicos recuerdos, vislumbré a lo lejos la localidad de Portomarín. Atravesé el extenso puente que sobrevolaba el río Miño, culminando con una pronunciada escalinata, que ofrecía el acceso al centro urbano a través de un arco del viejo puente romano. Un sobreesfuerzo para mis piernas, contrarrestado por la hermosura de las vistas que este punto ofrecía.

Instalado en el albergue, repetí lo que empezaba a convertirse en rutina al término de cada etapa: comida, ducha y siesta. Una vez repuesto, paseé por los alrededores del albergue, sin poder quitarme de la cabeza las palabras del hombre que había conocido; estuve toda la tarde dándole vueltas a la conversación que había mantenido, la importancia de demostrar el cariño, expresarlo con palabras y no guardarlo para otro momento que posiblemente no llegue.

Decidido a hacerlo, busqué un tranquilo lugar, una zona arbolada que estaba próxima al albergue. Me senté en un banco, saqué el móvil de mi bolsillo y busqué en la agenda el olvidado nombre. En el visor de mi teléfono estaba el número de mi padre, acaricié varias veces seguidas la tecla de enviar llamada, dubitativo, porque no sabía qué decir ni cómo iba a reaccionar él después de tanto tiempo sin saber de mí. Pensé empezar la conversación preguntándole cómo estaba, aunque resultaría cínico preocuparme de repente por él, algo que nunca había hecho.

Mi dedo pulgar continuaba oscilando sobre el teclado sin ejecutar ninguna acción, aguardando el coraje para dar el paso. Le diré «te quiero», cavilé finalmente. Eso es, cuando descuelgue, simplemente le diré que lo quiero, le pediré que me perdone y le contaré que estoy arrepentido por el daño que le he hecho. Por fin estaba convencido, había reunido el valor para llamarlo, incluso empecé a imaginarme el hipotético diálogo.

De repente, me quedé inmóvil, instintivamente borré el número de la pantalla y volví a guardar el teléfono en mi bolsillo. Solo se trataba de pronunciar unas palabras de afecto, únicamente nos separaba un botón y, sin embargo, no fui capaz de hacerlo. Un simple botón era la distancia entre mi padre y yo, tan sencillo como apretarlo, tan complicado como apretarlo.

Capítulo IX

DÍA 4

Inicié la nueva travesía, rumbo a Palas de Rei, después de lo habitual. Me había quedado dormido y salí un par de horas más tarde de lo previsto. Directamente, comencé a andar, posponiendo el desayuno para no derrochar más tiempo. Empecé la etapa en solitario, no había rastro de otros peregrinos, creo que yo era el más rezagado. Sin prestar mucha atención a las señalizaciones, anduve por debajo del puente, pasando justo al lado del embalse de Belesar, en el que reposan las aguas del río Miño. Por un estrecho sendero, llegué hasta una zona de difícil acceso. Tras transitar varios metros sin encontrar ninguna salida, desconfié de que el Camino prosiguiera por allí y di media vuelta para regresar sobre mis pasos, un poco desorientado, ya que no encontraba la dirección correcta.

Justo cuando atravesaba de nuevo el embalse, un hombre, que estaba sentado en la orilla, reclamó mi atención.

—¡Buenos días! —pronunció—. ¿Estás perdido?

Me extrañó que la pregunta la hiciera sin girarse para mirarme, manteniéndose de espaldas a mí.

—Creo que sí —respondí.

—Acércate —dijo el hombre, que seguía con la vista fija en el Miño, mientras lanzaba piedras hábilmente, consiguiendo el efecto necesario para que botaran fluidamente sobre el agua.

Me dirigí hacia su lado, ubicándome en cuclillas junto a él.

En ese momento, antes de saludarme, lanzó una pesada piedra que se sumergió bruscamente en el agua.

—¿Has visto las ondas que irradia la piedra y cómo se extienden de forma secuencial hasta que desaparecen de tu vista?

Efectivamente, así fue, aunque tampoco veía el misterio por ninguna parte.

—Haz una cosa —dijo—. Coge una piedra y lánzala justo después de mí, intentando que caiga lo más cerca posible de la mía.

Estuve a punto de preguntarle qué tenía que ver eso con encontrar el camino correcto. No obstante, como tampoco requería mucho esfuerzo lo que me pedía, simplemente seguí sus instrucciones.

—¿Estás preparado? —sondeó.

—Sí —confirmé.

Lanzó su piedra a unos metros de distancia y, a continuación, hice lo propio, cayendo una tras otra, golpeando el agua con dos sacudidas.

—¡Fíjate bien! Mira como las ondas chocan buscando cada una su espacio, para después unirse y potenciar la expansión —indicó—. ¿Lo ves?

Observé la inmersión de las piedras en el agua y

comprobé lo que había anticipado: primero las ondas colisionaron, pugnando unas contra otras, y acto seguido cesaron en el intento, empujando en la misma dirección, como si comprendieran que, unidas, su acción era más eficiente que luchando entre sí.

Ese hombre, por primera vez, giró su cabeza hacia mí y pude ver su cara; aprecié, con asombro, que era ciego.

—Imagino que estarás pensando que cómo puedo describir las ondas siendo ciego —tanteó.

—Bueno, no solo eso, también me sorprende que supieras que estaba perdido.

—Eso es fácil —sonrió—. Nadie recorre dos veces el mismo camino consecutivamente si no está perdido o ha olvidado algo. La probabilidad de acierto era del cincuenta por ciento —aclaró, terminando con una carcajada.

Reí junto a él, impresionado por su curiosa deducción.

—En cuanto a las ondas, hubo un tiempo en que pude verlas —afirmó—. Me fascinaba contemplar cómo, mágicamente, se alejaban de forma ilimitada. Me sentaba en este mismo sitio y lo hacía durante horas, ensimismado en el agua, escuchando el sonido de su corriente, atisbando la espuma que se formaba en la orilla, observando con detalle la navegación de las hojas o las pequeñas ramas zigzagueando sobre el agua. Todo eso está grabado en mi retina, no necesito verlo en este mismo instante para apreciarlo y sentirlo, ya que mi cerebro guarda esa información. Solo con que mis oídos oigan la piedra introducirse en el agua, es suficiente para contemplar lo que sucede después, sin necesidad de verlo.

Lo escuchaba atentamente y, aunque me parecía fascinante, me costaba creer que fuera tal y como decía.

—Vamos a hacer una prueba para que puedas percibirlo tú mismo —dijo—. Lanza una piedra y observa con mucha atención la acción, fijándote en cómo la piedra se sumerge y, posteriormente, las ondas emergen y realizan su actuación.

Cogió del suelo una piedra y me la ofreció. La arrojé al río con ímpetu para que provocara en el agua el efecto esperado, que ya había presenciado antes. Puse toda mi atención en el proceso completo, desde que la piedra salió de mi mano hasta que mi visión dejó de alcanzar las ondas.

—Muy bien, pues ahora harás exactamente lo mismo, con la misma concentración, solo que con los ojos cerrados —indicó.

Agarré una piedra y, cerrando los ojos, la lancé, simulando la acción anterior. Tras unos segundos de suspense, el impacto de la piedra contra el agua llegó a mis oídos y, de forma seguida, visualicé perfectamente la explosión de gotas salpicando con fuerza, para seguirle una fase de calma, en la que se produjo una especie de ebullición en el lugar donde había caído la piedra, apareciendo las primeras ondas, que, progresivamente, se dispersaron haciendo círculos concéntricos con una exactitud rigurosa.

—¿Qué tal? —preguntó.

Abrí los ojos y le mostré mi sorpresa por haberlo percibido como si, realmente, lo hubiera visto.

—Si tu mente está concentrada en algo que de verdad reclama toda tu atención, puedes revivirlo como si estuviera sucediendo. La mente no distingue si es real o no; si consigues recrearlo en tu imaginación, tu cuerpo reaccionará con la misma alegría o frustración que te produjo el hecho cuando ocurrió —explicó—. Por ejemplo, piensa en un lugar maravilloso que hayas visitado o una situación satisfactoria que tuviste algún día, comprobarás que si tu mente lo visualiza como si estuviera sucediendo, tu cuerpo reaccionará también como si estuvieras viviéndolo. Es fácil engañar a la mente.

Me vino a la mente mi luna de miel, concretamente el desierto de Wadi Rum, en Jordania. Pasamos la noche en un campamento en mitad del desierto, con un cielo plagado de estrellas. Recordé estar sentado en una duna con mi mujer, abrazados en silencio, compartiendo una cerveza y gozando de una paz verdadera. Estuvimos, al menos, una hora sin decir nada, pegados el uno al otro, contemplando el estrellado cielo.

Conforme lo evocaba, podía comprobar cómo mi cuerpo experimentaba la misma tranquilidad y sosiego vividos en aquel instante y, efectivamente, parecía tan real como si estuviera sucediendo, incluso el vello de mis brazos se erizó.

A la inversa, también me acordé del malestar que sentía cuando recreaba los hechos acaecidos con mi hijo, sobre todo el momento en el que lo tiré al suelo. Mi estómago se encogía de tal manera que, algunas veces, incluso me provocaba el vómito. Solo con pensar en ello, la angustia aparecía y era incontrolable, auténtica y veraz.

—Debes entender que no se trata solo de ver, se trata sobre todo de percibir y sentir —prosiguió—, para ello hay que contemplar con concentración. ¿Cuántas veces has estado caminando, despistado, y luego no sabías volver?

—Muchas, como por ejemplo hoy —respondí, sonriendo.

—Seguro que, en ciertas ocasiones, no has recordado dónde habías aparcado el coche y estuviste dando vueltas de un lado para otro sin encontrarlo.

Efectivamente, esa era una de mis especialidades, buscar el coche en los aparcamientos.

—Veías el camino, pero no percibías el camino, tu mente estaba en otro sitio —matizó—. Yo, ahora, pongo la máxima atención en todos mis movimientos. Me falta la visión, aunque la suplo con el instinto y el resto de los sentidos, no puedo permitir que mi mente se vaya a otra parte, la necesito siempre presente para no cometer errores y conseguir, certeramente, cada una de mis acciones. Te aseguro que es más fácil que tú caigas al suelo de un tropezón a que lo haga yo —concluyó.

Me resultaban muy interesantes sus apreciaciones, aunque no terminaba de convencerme que, con su invidencia, pudiera tener más destreza que yo.

—Cierra los ojos e intenta caminar —ordenó de repente.

Ante mi apatía, volvió a insistir.

—Vamos, únicamente tienes que levantarte, cerrar los ojos y caminar unos cuantos metros.

Cumpliendo su mandato, una vez en pie, cerré los ojos y, con los brazos extendidos, inicié la lenta y precaria marcha. Después de unos pasos, sentí la necesidad de abrir los ojos; no tenía suficiente confianza para avanzar a oscuras.

—¿Cuánto has aguantado? ¿Cinco pasos? —Acertó el pronóstico, como si realmente hubiera podido observarlo.

—Así es —corroboré.

—Esta vez yo te guiaré —expresó, levantándose ágilmente y agarrando mi mano derecha—. Cierra los ojos de nuevo y déjate llevar.

Así lo hice aunque, al cabo de unos segundos, volví a experimentar la necesidad de abrir los ojos y comprobar el camino trazado. Mi «lazarillo» pareció percibirlo, deteniéndose al instante.

—Tienes que creer y confiar aunque no tengas el control, vence tus miedos y déjate guiar. Cuando no puedes ver, tienes que confiar en todos los demás sentidos, tienes que dejarte transportar por las sensaciones, de lo contrario estarás limitado. Tú confías solamente en lo que ves. Por ello, cuando cierras los ojos eres incapaz de avanzar unos metros, ya que no consideras otra alternativa que supla a la vista. Aprende a sentir y percibir cada detalle, mantente con plena atención permanentemente y comprobarás cómo tus límites se amplían.

De nuevo, reanudó su intento de guiarme. Sujetándome la mano con fuerza, anduvimos despacio mientras yo mantenía los ojos cerrados. Al principio, estuve a punto de explorar visualmente el camino, para cerciorarme de que no había ningún obstáculo delante de mí, como un acto de inercia. Finalmente, conseguí aguantar, relajándome poco a poco, aflojando la tensión de mi cuerpo y permitiendo que me condujera sin ofrecer ninguna resistencia.

—Muy bien, ya queda menos —dijo—. Hago este trayecto todos los días, no tengas ningún temor.

Por fin, había logrado una tranquilidad y despreocupación total, hasta el punto de que disfrutaba con la sensación de avanzar, en la oscuridad, de forma segura.

—Hemos llegado —indicó—. Puedes abrir los ojos.

Así lo hice, reapareciendo la luz ante mí. Estábamos ubicados justo al pie de un sendero, junto a la habitual flecha indicativa del Camino. Miré hacia atrás y comprobé que habíamos recorrido una distancia considerable de forma casi imperceptible, puesto que, realmente, no había tenido la apreciación de cuánto había andado ni en qué dirección.

—Curioso que tú, teniendo visión, te pierdas y sea el ciego quien te devuelva al camino —expuso con sorna.

—La verdad es que me ha parecido increíble —repliqué.

—Solo es práctica y voluntad de querer conseguirlo —argumentó.

—Hoy me he dado cuenta de lo importante que es la vista, y nunca había sido consciente de esta facultad ni había mostrado gratitud por ello. Era algo que consideraba instalado en mi cuerpo de forma natural, sin cuestionarme su posible ausencia.

—Eso es justo lo que más lamento, no haber valorado mis ojos cuando funcionaban adecuadamente —confesó—. Trabajaba de camionero, me levantaba temprano, y recuerdo que conduciendo me molestaba el sol cuando salía, me enfadaba incluso, vociferando e insultando a la luz que me deslumbraba. Ahora, en cambio, me encantaría que esa luz llenara mis ojos.

—Vaya, lo siento —pronuncié de forma automática.

—No te disculpes, tú no tienes la culpa —bromeó—. Sé que la ceguera, en parte, limitó mi vida, aunque también es cierto que me ha aportado otras cosas y, hoy, soy quien soy gracias a la ceguera.

—¿Quieres decir que no cambiarías lo que tienes por recuperar la visión? —pregunté incrédulo.

—Si ello implica regresar al pasado y dejar a un lado todo lo que he conseguido, la respuesta es «no» —aclaró—. No sabría decirte qué cosas cambiaría por tener visión de nuevo, lo único que puedo asegurarte es que ahora soy muy feliz y, tal vez, si no hubiera existido este suceso en mi vida, posiblemente no podría decir lo mismo. Entonces, es difícil valorar qué habría sido mejor, ni siquiera me lo planteo, simplemente disfruto de la vida, adaptándome a las circunstancias. Si me centrara en las cosas que no puedo hacer, pensaría que la vida es una basura y me sentiría frustrado o desdichado. En cambio, pienso en todas las cosas que puedo realizar, a pesar de mi invidencia, y creo que la vida es maravillosa y no me la puedo perder.

—Vaya, es admirable tu forma de percibirlo —expresé con asombro, por la lección de superación que estaba recibiendo.

—No te voy a negar que, si un día descubren una terapia o intervención para mi ceguera, me sometería a ella y me encantaría recuperar la visión, aunque no voy a estar esperando esta cura para ser feliz, ya que mi felicidad existe hoy, no en el futuro, y menos aún en el pasado. Aunque parezca extraño, esto tan sencillo no lo sabía cuando podía ver, por eso mi vida no la cambio por otra anterior.

Comencé la etapa con una hora de retraso respecto a lo previsto, aunque poco importaba después de la vivencia adquirida, es más, no tenía ninguna prisa por llegar. Caminé fascinado por la historia de ese «héroe anónimo», pensando en las barreras con las que debía luchar cada día y cómo, lejos de rendirse, hacía frente a cualquier obstáculo, salvándolo de forma victoriosa.

Llegando a Palas de Rei, divisé un riachuelo a un lado del sendero. Decidí sentarme en una piedra, junto a la corriente de agua. Recordé la escena pretérita y arrojé piedras sobre el agua, admirando las ondas expansivas de nuevo. Observé con detenimiento el transcurso del agua, zigzagueando entre las piedras y troncos, logrando avanzar con dificultad, frenando su curso en muchas ocasiones, pero siempre venciendo las adversidades, continuando con perseverancia hasta lograr su cometido.

Permanecí sentado varios minutos, concentrado en el flujo de agua que discurría delante de mí, relajado ante el modesto espectáculo presenciado, que en este instante me resultaba sublime, un deleite poder verlo con mis propios ojos, sin necesidad de tener que imaginármelo.

Capítulo X

DÍA 5

Eran tan solo las seis de la mañana y ya estaba listo para emprender la ruta. La distancia hasta la población de Arzúa era de casi treinta kilómetros y tenía varios desniveles, que la convertían en una etapa más dura que las anteriores. Aunque el motivo de estar preparado antes de lo habitual no era ese. Sentía una energía repentina que hacía que llevara horas despierto, aguantando en la cama, frenando mis impulsos de levantarme.

No sabía realmente qué sucedía, pero era evidente que algo estaba cambiando en mi interior. Mi ánimo estaba en pie y notaba un hormigueo por el cuerpo, como si la energía de la que me había llenado quisiera salir al exterior.

Comencé a andar vivamente, parecía que mis piernas iban solas, movidas por una fuerza inusual. Estaba alegre, incluso advertí que la sonrisa se dibujaba en mi cara de forma automática. Resultaba difícil describir lo que sentía, lo único que podía aseverar era que me gustaba.

Transité varios kilómetros disfrutando de las sensaciones que mi interior me enviaba, dejando la mente apartada de pensamientos y dirigiendo mis ojos y oídos hacia todo lo que se cruzaba a mi paso. Esta vez era algo natural, no lo hacía de forma forzada como en otras ocasiones, simplemente estaba cien por cien atento, no quería perderme ningún detalle del entorno. Examinaba, asombrado, cada elemento que me envolvía, los mismos que habían estado cada día, podría decir que toda la vida. En cambio, ahora me daba cuenta de que eran novedosos para mí.

No miré ni una sola vez el reloj para comprobar cuánto tiempo había transcurrido, no experimenté el más mínimo cansancio, no divagué en ningún momento al pasado o futuro. Estaba aquí, en este momento. Una flor, una piedra, el silbido del viento, las raíces de los árboles, un insecto, el sol, las nubes... Todo era nuevo.

Recordé cuando mi hijo era un bebé, miraba con entusiasmo cualquier cosa que encontraba cerca, por insignificante que pareciera demandaba su atención, dedicándole una absoluta concentración.

Me resultaba curioso cómo después de comer podía estar varios minutos tocando las migas de pan que quedaban sobre la mesa: las apretaba, empujaba, movía e intentaba coger, constituyendo un espectáculo fascinante; sus manos eran otro motivo de asidua contemplación: las miraba, jugaba con sus dedos, las exploraba con su boca..., siempre con una atención inalterable; un trapo, un plástico, un color o un simple sonido resultaban asombrosos para él.

Cuando le hacían un regalo, muchas veces jugaba más tiempo con el envoltorio que con el propio regalo.

No sabía el valor de las cosas, solo buscaba la exploración sin límites. Estaba descubriendo todo aquello que para nosotros, los mayores, ya no tiene misterio, porque siempre ha estado ahí, porque nuestra etapa de bebé ya está olvidada, porque no tenemos tiempo para mirar con detenimiento, para apreciar con dedicación. A los adultos nos basta con una mirada superficial.

Hoy me sentía bebé, me veía identificado con mi hijo cuando apenas tenía un año, porque ahora comprendía que todas aquellas cosas que siempre habían estado a mi alcance y que creía totalmente descubiertas no lo estaban, sino que, realmente, esas cosas tan familiares eran unas verdaderas desconocidas.

Discurrí kilómetros de ilusión, sorprendiéndome con lo cotidiano que me rodeaba, divirtiéndome con todo lo que estaba descubriendo. A cada hallazgo le sucedía uno nuevo, no daba crédito a las continuas oportunidades de aprender que el trayecto me brindaba.

La enorme variedad de piedras fue un motivo de deleite: distintos colores, formas y texturas. Una simple piedra no era tal, cada una era diferente a las demás, no existían dos piedras iguales. El sendero estaba lleno de piedras, todas distintas, todas ocupando su propio espacio. Rojizas, blancas, grises, rayadas, oscuras, multicolores..., unas bonitas y otras preciosas.

Nunca me había parado a mirar una flor, cuesta creerlo, pero en cuarenta y un años jamás había contemplado una flor fijamente: sus pétalos, el tallo, las hojas, su interior... ¡Qué bonito es el interior de una flor!

Cogí diferentes flores que fui encontrando y las observé, las olí intensamente, acaricié mi rostro con sus suaves pétalos, toqué sus pistilos y estambres, comprendiendo que acababa de conocer las flores.

¡Los sonidos de la naturaleza existen! Solo hay que estar en silencio para apreciarlos, simplemente hay que aguzar los oídos y apartar los pensamientos. Por eso, los estaba escuchando por primera vez, porque el silencio antes me molestaba. Cuando no estaba hablando, estaba pensando en otra cosa, no había tiempo para escuchar el silencio. En cambio, en este instante, podía deleitarme con la mezcla de silbos diferentes que, armónicamente, concordaban en una melodía improvisada por el coro de pájaros que actuaban para mí. No podía verlos, pero, escondidos en su rama preferida, interpretaban al unísono sus cantos, con una concurrencia de timbres que repercutían de forma acompasada.

Casi sin darme cuenta, flotando más que andando, llegué hasta un puente medieval que cruzaba el río Furelos. Con una arquitectura perfecta, este elegante puente sobrevolaba el río para hacer posible la ruta a pie. Decidí variar el plan, descendiendo hasta la orilla del río. Me senté en una piedra, con los pies justo en el borde, y únicamente me dediqué a contemplar, ávido de asistir a un nuevo espectáculo natural. La corriente de agua volvió a ser una de las imágenes que más consiguió atraerme, comprobando cómo siempre vencía el agua, cómo el flujo salvaba todas las adversidades para continuar su curso sin detenerse, con dificultades en algunos tramos, aunque siempre saliendo victorioso.

«Si el agua puede hacerlo, ¿por qué no yo? ¿Por qué no puedo ser como el río?».

Lancé al agua hojas o pequeñas ramas y advertí que también luchaban por proseguir su rumbo de forma incesante. A veces, quedaban atrapadas en algún obstáculo, pero nunca sucumbían en su empeño por continuar.

«¿Tal vez sea cierto que rendirse no es una alternativa válida? Luchar asusta, pero si existe una meta, la lucha cobra sentido. Puede que haya llegado el momento de prepararse para el combate».

Mientras me reconfortaba siguiendo con la mirada a una mariposa que revoloteaba en dispares direcciones, como si no supiera adónde ir y, al mismo tiempo, quisiera ir a todas partes, los peregrinos atravesaban el puente, con paso rápido en general. Algunos giraban la cabeza para observar brevemente el río, otros llegaron a detenerse unos segundos. En cambio, eran mayoría los que pasaban mirando al frente, sin ni siquiera darse cuenta de que, justo a su lado, reposaba este bonito río. Exactamente lo mismo que habría hecho yo hacía solo unos días.

Comenzaba a atardecer y no solo no había llegado todavía a Arzúa, sino que tampoco había comido. Poco me importaba, hoy realmente estaba disfrutando del recorrido y el tiempo no significaba nada, no estaba sujeto a ningún horario y no tenía necesidad de llegar a una hora concreta. Por tanto, unos cinco kilómetros antes del destino, hice una parada para almorzar. Era un pequeño restaurante en mitad de un prado, que lindaba con el sendero. «¿Por qué no degustar un delicioso pulpo *á feira*?».

Estaba sorprendido con mi estado anímico, con la ilusión que estaba aflorando, con la alegría que me invadía y apenas recordaba. Era la primera vez en años que mi pecho estaba libre de carga, que no notaba opresión en mis pulmones al respirar y la ansiedad se había esfumado. Inspiraba hondo y expulsaba el aire saneado, sin liberar restos de angustia, como sucedía normalmente. Lo probaba una y otra vez, fascinado por la dulce sensación que experimentaba con mi profunda respiración.

Sobre las seis de la tarde, rebasé el cartel que anunciaba la localidad de Arzúa. Seguramente, era el último peregrino en finalizar la etapa. Nadie me esperaba, rebosaba energía y llegaba con el estómago lleno. Suficientes argumentos para justificar la demora.

Me registré en uno de los albergues privados de la localidad. En esta ocasión no había espacio para la siesta, era demasiado tarde. Preferí visitar las principales calles del municipio, acabando con la ingesta de un refresco en un bar.

Apoyado en la barra, sin compañía, aunque a gusto de estar conmigo mismo, consumía mi bebida mientras exploraba visualmente el lugar. De pronto, advertí una presencia conocida: sentada en uno de los sofás de la sala, se encontraba Martina, la chica que conocí en Sarria. Estaba con otra muchacha, charlando entre ellas. Sentí alegría al verla, aunque, por otro lado, también rubor. Dudé entre saludar o disimular.

136

Sin tiempo para reaccionar, comprobé que levantaba la cabeza y sus ojos me apuntaban. Me había reconocido.

Experimenté un naciente nerviosismo, debatiéndome entre acercarme o saludarla desde la distancia. Ella me facilitó la decisión, ya que hizo un gesto con la mano para que fuera hasta ella.

Anduve el trayecto que nos separaba. Ella estaba de pie, aguardando mi llegada. La saludé con un par de besos, haciendo lo propio con su amiga, quien directamente se presentó, aunque ni siquiera oí su nombre, puesto que estaba centrado en Martina. Con un elegante vestido largo y la cara maquillada, todavía estaba más atractiva que con el habitual atuendo senderista.

Haciendo caso a sus indicaciones, me senté con ellas. Al cabo de un dilatado rato, en el que apenas participé en la conversación, sentí que estaba fuera de lugar, ellas hablaban fluidamente sobre distintos temas y, aunque Martina hacía lo posible por integrarme en el diálogo, no me encontraba cómodo. Prestaba atención, miraba a una y a otra, acompañaba con alguna sonrisa, aunque lo cierto es que estaba cohibido.

Ya sin bebida en el vaso y sin mucho que aportar, opté por retirarme educadamente. Me levanté y, justo cuando iniciaba la despedida, Martina cogió mi mano y, tirando de ella, volvió a sentarme.

—Espera un poco más, por favor —me dijo.

Desconcertado por esta inesperada reacción, me dejé caer sobre mi silla, sin oponer resistencia.

137

Poco después, Martina alzó su mano y pidió al camarero una botella de vino. Acto seguido, como si su amiga intuyera algo, anunció su adiós.

Me sorprendió que, en esta ocasión, al contrario que conmigo, Martina no hizo nada por impedir su marcha.

Martina, una botella de vino tinto y yo. A pesar de que debía remontarme mucho tiempo para evocar una situación similar, se asemejaba a una cita. Pese a que el escenario lo presumía, me costaba creer que Martina pudiera tener algún interés en mí. Tal vez, mi dañada autoestima no permitía considerarme interesante para nadie, menos aún para una chica joven y guapa.

Martina sirvió vino en mi copa. Sabía que no debía y también le había prometido a Samin que no tomaría alcohol. No obstante, no frené su acción.

Comenzamos a hablar tímidamente sobre generalidades, preocupándome más por parecer correcto que por el contenido. Las copas se fueron sucediendo y, cuando llegó la segunda botella, la conversación se tornó mucho más desinhibida e informal. Nos reíamos con facilidad y me sentía bastante más relajado, hasta que comenzó a indagar sobre mi vida con preguntas a las que no me apetecía responder; estaba a gusto y sabía que hablar sobre ciertos temas podía invertir mi estado de ánimo. No era el momento de retomar el pasado; por ello mostré una actitud esquiva, que no pasó desapercibida.

—¿Por qué no quieres hablar sobre ti? —preguntó.

—Porque ya no sé quién soy —respondí.

138

Ante mi sorpresa, Martina explotó a reír al oír mi réplica. No había pretendido hacer un chiste, pero por su reacción resultó serlo.

—Vamos a preguntarle al camarero si él sabe quién eres —continuó, con la voz entrecortada producto de la risa.

Yo también la acompañé en la guasa y ambos reímos de forma exagerada, en parte motivados por el vino ingerido, cuyo efecto era palpable.

Cesado el carcajeo, emergió un eventual silencio, que aproveché para interrumpir con una pregunta inesperada.

—¿Crees que es posible empezar de cero? —cuestioné.

Nada más pronunciarlo, yo mismo me extrañé del dilema lanzado, ya que no era algo que me hubiera planteado previamente; nunca antes había creído en esa posibilidad.

Martina cambió su gesto, volviéndose serio. Por un momento pensé que no le había gustado mi pregunta.

—Bueno..., creo que sí —concluyó—. Yo lo hice.

—¿De veras? —articulé sorprendido.

—Aquí donde me ves, y aunque te cueste creerlo, estás hablando con una expresidiaria —manifestó.

Me quedé atónito, no sabía si me estaba tomando el pelo o hablaba en serio.

—¿Es una broma? —pregunté tímidamente.

—No es ninguna broma —admitió—. Cumplí cuatro años de condena en una prisión colombiana.

Los efectos del vino desaparecieron automáticamente al escuchar esa frase, que resultó como un jarro de agua en la cara.

—Tenía un novio del que estaba muy enamorada —prosiguió—. Pensaba que era la persona perfecta y, por desgracia, lo quería más que a mí misma. Cuando estás en ese nivel de inconsciencia, eres frágil, ingenua y dócil, ya que crees plenamente en esa persona con la que compartes la vida y eres incapaz de desconfiar. Da igual que las personas que te aprecian te adviertan —añadió—. Cuando estás tan ciega, no hay forma de observar otra realidad, no puedes admitir nada que pueda amenazar la relación, simplemente vives en la hipócrita burbuja que has creado, luchando contra todo el que piense algo distinto.

Escuchaba su relato con total atención, impaciente por saber más.

—Este chico del que te hablo era atento, cariñoso, simpático..., al menos es como yo lo veía —aclaró Martina—. Lo cierto es que me encantaba y lo admiraba.

Apuró la copa de vino de un sorbo e hizo una pequeña pausa. Yo mantenía el mutismo, no quería interrumpirla ni que se desviara del tema.

—No sabía en qué trabajaba —indicó—. Él decía que tenía varios negocios, aunque nunca indagué ni me interesé por saber en qué consistían, solo sabía que económicamente funcionaba muy bien y llevábamos un lujoso ritmo de vida, con multitud de regalos, ostentosas vacaciones y diferentes caprichos. A mí su dinero no me importaba —matizó—, lo habría querido igualmente, aunque no hubiera tenido nada; no necesitaba objetos materiales para ser feliz, me bastaba con estar junto a él.

Martina, nerviosa, acarició el pelo de la nuca y espiró aire sonoramente; se notaba que le costaba continuar con su alegato, lo que me hacía intuir que se acercaba el momento álgido de la historia.

—Mientras estuve con él, viajábamos mucho —continuó—. Recorrimos distintos países, combinando turismo con visitas a supuestos clientes suyos. Cuando esto sucedía, yo me quedaba en el hotel, en la playa o en cualquier otro lugar esperándolo, dando por hecho que estaba trabajando.

Una vez más, volvió a manosearse el pelo, aumentando la tensión en su rostro. Sin saber qué decir, la miraba fijamente, aguardando sus palabras.

—Una Navidad estuvimos en Colombia durante una semana, incluso celebramos la Nochevieja en un precioso hotel de Bogotá —expuso—. Una cena fantástica, una chimenea caldeando el idílico lugar y música de ambiente. Un instante mágico que culminó con una pedida de mano por su parte. «¡Por supuesto que quiero!», le respondí emocionada. No podía estar más convencida ni más segura de ello. Era un sueño hecho realidad.

Miré mi reloj, que marcaba las once de la noche. A esa hora solía retirarme a dormir, aunque la ocasión merecía trasnochar.

—¿Es muy tarde? ¿Te estoy entreteniendo? —preguntó, al darse cuenta de que había escrutado la hora.

—No, claro que no —dije rápidamente—. Por favor, continúa.

—No te preocupes, resumiré la historia para no aburrirte —indicó, con esa preciosa sonrisa que sus labios sabían perfilar—. Los días siguientes a la pedida de mano, estuve flotando por las nubes, feliz como pocas veces había sido. Sin embargo, esta felicidad duró poco tiempo —añadió—. Era 10 de enero y regresábamos a España. Habían resultado unas Navidades fantásticas en Colombia, aunque también me apetecía volver a mi casa, decirle a mi familia que me casaba, preparar la boda y demás cosillas que, entonces, me hacían ilusión. Estuvimos haciendo el equipaje juntos y, al finalizar, vino a recogernos un taxi que nos llevó al aeropuerto de Bogotá. Llegamos con tiempo suficiente, facturamos y, después, tomamos un café. Cuando terminamos y ya estábamos preparados para dirigirnos al avión, recibió una llamada inesperada, descolgó el teléfono y estuvo hablando de forma prolongada. El remanente de tiempo que teníamos lo habíamos derrochado y debíamos apresurarnos para no perder el vuelo. Le dije varias veces que colgara, que llegaríamos tarde, pero no hacía caso. «Ya voy, cariño», repetía, y continuaba al teléfono. Iba de un lado para otro, distanciado de mí. Se paraba, giraba, hacía aspavientos..., pero la conversación no cesaba. Estaba empezando a impacientarme, porque apenas faltaban treinta minutos para el despegue y todavía no habíamos cruzado ni siquiera el control de seguridad. «Ve tú delante y ahora mismo voy yo, en cuanto termine», me dijo... y yo le creí.

142

Hizo una sosegada pausa para llenar su copa de vino, que aguanté impaciente, ya que solo quería que prosiguiera con la historia.

—Yo le creí —repitió—, pero no fue así, nunca regresó.

—¿Y qué sucedió? —pregunté intrigado.

—Lo que sucedió a continuación cambió mi vida por completo —afirmó Martina—. Todo lo que había construido en mi interior se derrumbó en un instante. Pedazo a pedazo mi alma se desmoronó.

—¿Por qué? —volví a cuestionar, ansioso por conocer el desenlace.

—Me fui directa al control de seguridad con mi equipaje de mano. Pidiendo permiso para pasar, por el poco tiempo del que disponía, pude ir avanzando por la cola rápidamente, hasta llegar al principio en pocos minutos. Crucé el arco con escáner del aeropuerto y me dispuse a coger mi maleta, pero esta no salía de la cinta transportadora y tampoco veía a mi novio venir. Ya daba por hecho que perderíamos el vuelo. «¿Puede abrir su maleta, por favor?», dijo un agente de seguridad, posándola sobre la mesa. «¡Lo que me faltaba!», reproché indignada. Le dije que mi vuelo despegaba en unos minutos, que no me hiciera perder el tiempo, aunque él hacía su trabajo y quería inspeccionar la maleta. Así que la abrí apresuradamente, pensando que cuanto antes terminara, antes me iría. Sacó toda la ropa, palpó por todas las caras del interior y, no conforme con ello, le dio la vuelta a la maleta colocándola sobre la mesa por su parte trasera y, con un cúter, em-

143

pezó a rasgarla de un extremo al otro. «¡Está loco!», grité. El agente de seguridad no me hizo caso, ni siquiera me miró a la cara, continuó con la tarea hasta que, súbitamente, se detuvo, cogió su *walkie-talkie* e indicó una señal que no acerté a descifrar. En apenas dos minutos, me estaban rodeando una decena de policías. «¡¿Qué sucede?!», vociferé sollozando. Solo quería que mi novio viniera de una vez, que estuviera conmigo, porque no entendía nada.

»Pronto lo entendí, en el momento imborrable en el que divisé a lo lejos al que iba a ser mi futuro marido, andando hacia la puerta de salida del aeropuerto. Ahí todo quedó claro y enmudecí. No acerté a decir ni una sola palabra para defenderme, les acompañé a una pequeña sala sin rechistar y observé en silencio cómo de un fondo oculto de mi maleta extraían quinientos gramos de cocaína. El resto de la historia ya te la he contado al principio: cuatro años en la cárcel, sola, aislada, a miles de kilómetros de mi familia y con el corazón roto por la mayor decepción amorosa de mi vida.

Cuando terminó su relato estaba boquiabierto, atónito ante una injusticia tan flagrante.

—¡Vaya! ¡Es terrible lo que te ocurrió! —proferí rabioso.

—Así lo vi yo durante mucho tiempo, hasta que me di cuenta de que no se puede vivir con odio —expresó—. El primer año que pasé en prisión fue un suplicio, estuve muy deprimida, apenas comía ni me relacionaba con nadie, sobrevivía como podía, sumida en una profunda tristeza. Después, cambié la tristeza por la rabia, el odio y el rencor. En parte, estos sentimientos me ayudaron a ser más fuerte y salir adelante, aunque me hicieron más daño que el hecho que los produjo.

—Es normal que te sintieras así —confirmé—. Estabas cumpliendo una condena que no merecías.

—Es cierto, aunque muchas veces en la vida no te sucede lo que mereces, sino lo que te conviene —alegó—. Sufrí mucho y descubrí límites que desconocía poseer, aunque también fue una experiencia que me enseñó a vivir. La verdadera condena la cumplí conmigo misma, durante el tiempo que viví cabreada, defraudada, iracunda por haber sido engañada, por haber creído que ese hombre me amaba. Eso sí que fue una auténtica condena: acostarme furiosa y levantarme de la misma manera.

Sabía de lo que hablaba, porque esos sentimientos me eran familiares y habían convivido conmigo mucho tiempo.

—Es comprensible que estés enfadada y lo odies, lo que te hizo es asqueroso, una persona que, supuestamente, era tu pareja y te quería.

—Lo odié en su momento, ahora no —aclaró—. No solo obtuve la libertad cuando salí de la cárcel, también fui liberada cuando dejé de odiarlo. Eché un candado al pasado y lo cerré para siempre. Como es lógico, no quiero saber nada en absoluto de esa persona, aunque, sinceramente, lo perdono.

—¡¿Cómo?! ¡¿Lo perdonas después de lo que te hizo?! —protesté asombrado.

145

—Así es, como lo oyes. No fue fácil llegar a ese punto. Sin embargo, es lo mejor que he hecho, ya que perdonarlo fue mi salvación.

—Me estoy perdiendo —interrumpí estupefacto.

—Sé que no es fácil de entender. De hecho, a mí me costó tres años comprenderlo, hasta que un día mandé al carajo el rencor, la ira, el odio y el dolor. Literalmente los quemé —indicó—. Apunté en varios trozos de papel todo lo que me estaba haciendo daño, todos los sentimientos nefastos que no me dejaban volver a empezar y les prendí fuego, observando cómo ardían y se convertían en cenizas. Lo peor de mí quedó calcinado aquel día, y ese fue el comienzo de una nueva vida.

»El último año en prisión hice lo que no había hecho en los tres años anteriores y, aunque pueda parecer paradójico, incluso disfruté de la cárcel. Salí de mi reducida celda y descubrí lo que existía a mi alrededor, una realidad que no siempre es lo que parece. Me relacioné, escuché historias ajenas y me interesé por ellas, enseñé a leer y escribir a compañeras que no habían tenido esa oportunidad, ayudé a personas que lo necesitaban de la forma que estaba en mis manos y, a menudo, consistía simplemente en escucharlas. Soy licenciada en Psicología, jamás había ejercido como tal, pensaba que no servía para ello. No obstante, en la cárcel puse en práctica mis conocimientos, y lo que empezó como algo ocasional fue creciendo y extendiéndose hasta el punto de tener que organizarme con un horario para atender las múltiples demandas que existían. Todos los días venían a verme varias reclusas, necesitadas de unas palabras motivadoras, de un poco de aliento, para que su existencia cobrara sentido allí dentro.

Una sonrisa apareció en su rostro.

—¿Sabes cómo me llamaban? —preguntó.

Me encogí de hombros.

—La «maestra» —reveló—. Creo que no existe ningún calificativo más bonito que este. Me sentí orgullosa de ser útil a los demás. Tu vida cobra sentido si tiene utilidad y, en ese momento, con independencia de estar en la cárcel, fui valiosa, al menos para un puñado de personas.

»El día que fui liberada, estuve arropada por una multitud de compañeras que me despidieron con pesar, contentas por mi marcha, aunque afligidas por la pérdida. Lágrimas en mujeres con el corazón totalmente endurecido, pero que si les dabas cariño, eran capaces de emocionarse de verdad. Esa fue mi despedida, entre sollozos, abrazos y aplausos. Un final feliz para una terrible historia..., ¿no crees?

—Ahora ya no me parece tan terrible —admití—. Más bien, me parece una historia preciosa.

—Tienes que estar en paz contigo mismo y con los demás o no podrás vivir plenamente —dijo Martina—, estarás anclado en el pasado, cautivo de él, repitiéndote lo que pasó y sufriendo por ello, cumpliendo prisión, incluso después de la cárcel.

—Gracias a lo que me has contado, ahora lo entiendo —confesé, otorgándole la razón.

—Simplemente es mi historia, la que me ha tocado vivir, el embarazo no deseado que, nueve meses después, se convierte en una bendición. Las cosas podrían haber sido de otra manera, no sé si mejor o peor, lo que está claro es que gracias a mi experiencia desenterré mi vocación y, ahora, tengo mi propia consulta y me gano la vida como psicóloga. También he aprendido que la satisfacción personal no solo se encuentra en uno mismo, sino que también pasa por ser útil al prójimo. Por ello, colaboro como voluntaria en una cárcel cercana a la localidad donde vivo, prestando apoyo psicológico, y también lo hago en un hospital ayudando a niños con leucemia, aunque, si te digo la verdad, son ellos quienes me ayudan a mí.

Repentinamente, paró el discurso y quedó pensativa durante unos segundos. Después, formuló una pregunta confusa.

—¿Quién sabe cómo habría sido? Quizá, de otra manera, no estaría aquí realizando el Camino de Santiago, quizá...

El final de la frase quedó inacabado, aunque yo ya estaba nervioso solo con comprobar cómo sus ojos se detenían fijamente en los míos.

—Quizá no te habría conocido —concluyó, acariciando mis labios suavemente con su dedo pulgar.

Tragué saliva. Permanecí inerte sin pestañear. Ella se acercó y besó delicadamente mi boca, con lentitud, palpando mi mejilla con el dorso de su mano.

Cerré los ojos y me dejé llevar. No sé cuánto duró, pero me pareció demasiado fugaz para lo mucho que me gustó.

Cuando ya no noté sus labios, abrí los ojos. Se encontraba a escasos centímetros de mí, mirándome sonriente. Siguió manoseando mis mejillas mientras yo continuaba en la misma posición, petrificado.

—Lo siento, tenemos que cerrar —pronunció, inoportunamente, el camarero, interrumpiendo el silencio de ese especial momento.

Martina se empeñó en hacerse cargo de la cuenta. De todos modos, yo no habría podido pagarla..., un vino bastante caro. Éramos los únicos que quedábamos allí. De hecho, el camarero bajó la persiana justo a nuestra salida, seguramente ansioso por poder dar por finalizada su jornada.

Anduvimos en silencio, uno al lado del otro, hasta el hostal donde se encontraba alojada Martina. Dos peregrinos que se acababan de besar y, de repente, habían agotado las palabras.

En la puerta del hostal nos detuvimos. Tanteé sus enormes ojos marrones, embobado con su brillo, atrapado por su magnetismo. Quería decírselo, pero no me atrevía, las palabras no salían.

Ella aguantaba la mirada firme, posiblemente consciente de que sus ojos eran poderosos.

Inseguridad, nervios..., excitación. Bajé la cabeza para aminorar la intimidación que me producía su valiente mirada. Traté de hablar.

—Si quieres... —la voz me temblaba—, puedo acompañarte. —Logré terminar la frase.

Tardó en pronunciarse o, tal vez, a mí se me hizo eterno el suspense.

—Mejor no —respondió—. No quiero ser una simple distracción en tu camino.

Esa respuesta me dejó helado, pensé que me había precipitado.

—Disculpa si te ha molestado, no quería...

—No pasa nada —interrumpió mi frase, ayudándome—. No significa que no me gustes, solo que ahora no es el momento. Tienes mi teléfono, cuando finalicemos el Camino de Santiago puedes llamarme si quieres, estaré encantada de tomar otro vino contigo y... —se mordió el labio inferior varias veces, manteniendo la incertidumbre— quién sabe si ese será el momento —dejó volar en el aire, coloreándolo de esperanza.

Otro efímero beso en los labios supuso la despedida de Martina y de una noche insólita.

Tambaleándome ligeramente, por culpa del alcohol, caminé hasta mi albergue. El contratiempo llegó cuando comprobé que la puerta estaba cerrada. Un pequeño cartel en la parte superior indicaba, claramente, que a partir de las once de la noche el albergue permanecería cerrado. Miré mi reloj: las doce y media. Ni una sola luz, ni un sonido, el lugar únicamente respiraba calma, por lo que la posibilidad de entrar era remota.

Rodeé el edificio buscando alguna puerta alternativa que me permitiera el acceso. Lo único que encontré fue una especie de porche anexo en el exterior, en el que había un vetusto sofá. No había más donde elegir, así que «suficiente para unas horas», pensé.

Me descalcé y me acomodé lo mejor que pude. No iba a ser el lugar más confortable para pasar la noche, aunque había merecido la pena.

Capítulo XI

DÍA 6

Un madrugador murmullo de voces alteró el profundo sueño que me invadía. Ni siquiera recordaba que había dormido a la intemperie. Nada más incorporarme, la cabeza me recordó que me había excedido bebiendo vino la noche anterior, y mi espalda también se encargó de advertirme que ese sofá no era adecuado para dormir.

Me acerqué hasta la puerta principal del albergue, que ya estaba abierta. Con aspecto deplorable, atravesé el pasillo, llegando hasta la sala principal de literas, donde se encontraba mi mochila. Cogí una toalla y las chanclas para concederme una reparadora ducha antes de iniciar el recorrido.

Café con leche y un ibuprofeno constituyeron el desayuno. No tenía más apetito, aunque no quería despedirme de Arzúa sin probar su afamado queso, así que finalmente añadí una ración de este al desayuno.

Comencé la marcha en dirección a la población de O Pedrouzo, que distaba de Arzúa dieciocho kilómetros. Una etapa corta que podía tomarme con tranquilidad puesto que, además, había comenzado temprano.

Empecé a repasar lo sucedido con Martina; el recuerdo era un poco difuso, no discernía todos los detalles. Conforme iba evocando el encuentro, más extraño me parecía, primero por todo lo que me contó acerca de su estancia en la cárcel de Colombia y, cómo no, por la despedida que tuvimos.

Martina era una chica atractiva, inteligente y, al menos, siete u ocho años más joven que yo; me costaba creer que realmente estuviera interesada en mí, aunque si ella había abierto la puerta, no sería yo quien la cerrara.

Metí la mano en un bolsillo lateral del pantalón y comprobé que todavía conservaba la pequeña nota de papel con su número de teléfono.

«Cuando llegue el momento», me dije, volviéndola a guardar con cuidado.

Ahora, el momento estaba aquí, en este Camino que cada vez me fascinaba más. Continué atento a mi entorno, perplejo por los nuevos descubrimientos que me acechaban. Lo usual constituía la novedad para mí.

Al poco de comenzar, me topé con una sorpresa inesperada. Después de culminar un ligero ascenso, pude contemplar cómo el cielo comenzaba a tornarse naranja. El sol hizo su aparición asomándose, tímidamente, para incrementar la tonalidad del cielo, que pasó a ser rojizo. Despacio, pero visible, el sol fue imponiéndose en el crepúsculo de la mañana, coloreando no solo el cielo, sino también las nubes que lo decoraban. De forma constante, continuó irrumpiendo hasta que un círculo perfecto emergió en su totalidad, un círculo que podía apreciarse sin ser deslumbrado por sus rayos, una bola de fuego que se colaba en el firmamento y se hacía un hueco entre las nubes, llenando de brillo la montaña donde se encontraba escondida, encendiendo la mañana. Otro día más para el sol, el primer amanecer para mí, o mejor dicho, el primer amanecer que, realmente, había contemplado.

Poco después me acerqué a un árbol. El día anterior me lo había preguntado, aunque esta vez quería averiguarlo: ¿cómo trepa la hiedra?, ¿por qué se sujeta alrededor del tronco sin separarse de él? Estiré suavemente de ella, despegando parte del tallo. Eran pequeñas raíces que, en realidad, parecían grapas que se adherían a la corteza del árbol para proseguir su intento de escalarlo, sellando el ascenso con soportes naturales que fabricaba para conseguir su cometido, poco a poco, tramo a tramo.

Atravesé un bosque de eucaliptos, de troncos finos y totalmente derechos, que se alzaban a gran altura, impregnando de agradable olor el sendero. A pesar de la distancia del suelo, su aroma se hacía notar, mezclándose con la esencia del tomillo y romero para producir un perfume que olía a vida.

Según me contó un oriundo de Galicia, en realidad no son bosques, sino plantaciones. Los eucaliptos se trajeron desde Australia y, dado su rápido crecimiento, en comparación con otros tipos de árboles, fueron cubriendo vastos territorios convirtiéndose,

153

hoy en día, en una amenaza para el bosque por su pérdida de diversidad, la degradación del suelo y la disminución de agua, ya que requieren de gran cantidad para su desarrollo. Aun así, a mí me parecían bellos.

Agucé los oídos para escuchar el entorno natural que me envolvía. Si anteriormente fueron los pájaros, ahora cobraron protagonismo el grillo y la cigarra, cada uno imponiendo su himno, armonizando el ambiente con su singular sonido. Primero actuaba el grillo, después la cigarra, como si se respondieran en una conversación sin límite.

El día estaba despejado, el sol ya no era la esfera que iniciaba su andadura, sino el astro que reinaba en el cielo, expandiendo su luz en destellos que se propagaban en todas las direcciones, brillando entre los huecos de las esponjosas nubes que engalanaban el escenario.

Las nubes volvían a fascinarme; blanquecinas y algodonadas, pendiendo del cielo, exhibían su repertorio de formas caprichosas.

Recordé cuando era niño y veraneábamos en una localidad alicantina; tumbados en la arena de la playa, como posiblemente habrán jugado todos los niños, mi padre y yo imaginábamos figuras que formaban las nubes: un elefante, un barco, un pez...

«¡Estás en las nubes!», decía mi padre, y me provocaba mucha risa. Daba igual que me lo dijera veinte veces, cada vez que lo pronunciaba mientras estábamos fantaseando sobre una nueva forma imaginaria, la carcajada estaba asegurada.

154

No me fijaba en las nubes desde hacía años, no veía a mi padre desde hacía años. Si hoy había recuperado las nubes, por qué no recuperar a mi padre.

Disperso en los múltiples entretenimientos que encontraba a mi paso: una hormiga que transportaba una miga de pan de unas diez veces su tamaño; el desfile de orugas avanzando en una fila perfecta, una tras otra, figurando una ordenada procesión; un saltamontes que, con un mínimo impulso, era capaz de recorrer varios metros; el murmullo de las hojas al ser mecidas por el viento..., iba disfrutando, redescubriendo lo conocido.

Después de un continuado ascenso, me detuve para observar una placa conmemorativa al suizo Guillermo Watt, que falleció a los sesenta y nueve años, cuando solamente le quedaba una etapa para llegar a Santiago.

—¡Buenos días! ¿Un café para reponer fuerzas? —Oí una voz proveniente de la cuneta del sendero.

Se trataba de un hombre de unos cuarenta años, ubicado en un lateral de la vía, con un pequeño tenderete, compuesto de unas finas telas sujetas entre dos árboles, una alargada mesa de madera y un par de taburetes. En la mesa había un termo de gran tamaño, agua, algunos dulces y fruta. Lo esencial para un ligero avituallamiento.

Era un hombre alto y de constitución muy fuerte. Antes de que contestara a su oferta, extendió su mano con una taza de café, ofreciéndomela con gesto amable.

La verdad es que el café me apetecía, por lo que decidí aceptar la invitación.

—Toma asiento y descansa un poco —sugirió.

Haciendo caso a su recomendación, utilicé uno de los viejos taburetes que se encontraban junto a la mesa.

—Puedes coger lo que quieras —indicó, señalando con su mano el surtido de productos que poseía.

—Con el café será suficiente —respondí, dándole las gracias.

—¿Estás cansado? —preguntó, seguramente al oírme jadear.

En efecto, la pendiente me había fatigado un poco. Aunque conforme pasaban los días iba adquiriendo más resistencia, mi condición física seguía siendo deplorable.

—Yo no estoy tan fuerte como tú —contesté sonriendo.

—Gracias —dijo, devolviendo la sonrisa—. Aunque las cosas por dentro no siempre son como parecen por fuera.

—¿Por qué lo dices? —cuestioné—. Eres muy musculoso, eso no es por arte de magia, seguro que tu condición física es fantástica.

—¿Y si te digo que me estoy muriendo? —pronunció tajante.

Acababa de conocer a ese hombre y, a la primera de cambio, me había soltado esa afirmación tan contundente, que provocó en mí sorpresa y confusión al mismo tiempo.

—¿Cómo que te estás muriendo? —pregunté tímidamente.

—En realidad, según el médico, ya debería estar muerto —indicó con una carcajada—. Basándose en el último chequeo, es prácticamente un milagro que siga vivo, con metástasis por todo mi cuerpo. Por tanto, si quieres te cambio este cuerpo que te parecía tan fuerte —añadió, aumentando el carcajeo, como si se tratara de un tema banal.

Me costaba acompañarle en la gracia ante algo tan serio; no conseguí esbozar una sonrisa sino que, al contrario, mi rostro se tornó grave.

—No te preocupes —expresó—. Este mismo médico, cuando me detectaron el cáncer, también dijo que viviría un año y ya llevo cinco más de vida. Imagínate qué satisfacción haber disfrutado de cuatro años de prórroga. Soy consciente de que llegará, aunque no lo estoy esperando; mientras tanto, cada día lo aprovecho como si fuera el último. Eso es lo que me diferencia de las demás personas, que yo sé que un día será el último. En cambio, la mayoría de la gente vive ajena a esta obviedad. Cada día es un regalo para mí, todas las mañanas, al levantarme, me miro al espejo y digo en voz alta: «Tengo que aprovechar cada minuto de este maravilloso día».

»Cuando me diagnosticaron la enfermedad, no me asustó tanto la posibilidad de una muerte prematura, lo que me aterrorizaba era pensar que me iba de este mundo sin haber cumplido las promesas y sueños que tenía en mi juventud, la mayoría de ellos sin tan siquiera haberlos intentado. Tenía la sensación de haber llevado una existencia mediocre, no haber vivido de una forma intensa, haber malgastado el tiempo haciendo cosas que no quería hacer y estando donde no quería estar.

»Al principio me hundí, porque creía que no me quedaba tiempo por delante para llevar a cabo los planes postergados. Hacía recuento de los proyectos que no emprendí, de las ideas que no desarrollé, de los objetivos que no cumplí, y me sentía afligido, había un montón de cosas que lamentaba no haber hecho. Esa es otra cuestión que he aprendido: cuando el fin está cerca, no te arrepientes de las cosas que has hecho, solo de las que no has intentado.

»Conforme avanzaban los días, más me agobiaba el paso del tiempo, esa sensación de que cada día que se iba era un día menos que me quedaba, solo conseguía angustiarme y deprimirme. Cuando dejé de convertir mi vida en una cuenta atrás, fue cuando comencé a vivir realmente. "Para qué pasarme amargado el tiempo que me queda", me dije. Todo cambió en el momento en que decidí invertir el enfoque y dejar de verme moribundo, porque en mi interior tenía fuerza. Qué más daba que estuviera enfermo, el caso era que yo no me sentía así, no me dolía nada, tenía energía y poco por lo que preocuparme —destacó—. Estoy seguro de que sentirme vivo es lo que me ha hecho resistir y postergar mi final. Ahora, puedo despedirme satisfecho, porque he vivido de acuerdo con mis creencias y deseos, he hecho lo que me ha apetecido, únicamente aquello que me hacía sentir bien.

—No siempre puedes hacer solo las cosas que te hacen sentir bien —interrumpí el interesante monólogo para aportar mi opinión a su último comentario—. Hay veces que tienes obligaciones que cumplir.

158

El hombre mostró una sonrisa como respuesta a mi objeción; sin pretenderlo, parecía que había dicho algo gracioso.

—Cuando hablas de obligación, ¿te refieres a la obligación de ganar dinero? —tanteó.

Su interpretación me sorprendió, porque no era exactamente lo que había querido expresar.

—No solo ganar dinero —repuse—. Tenemos muchas obligaciones en general que, a veces, no nos permiten hacer todo lo que queremos o nos gusta en cada momento.

—Dime solo una, aparte de trabajar duro para ganar dinero.

Durante unos segundos pensé, aunque solamente se me ocurrió el trabajo.

—Bueno, sí, el trabajo es una..., también los hijos —espeté precipitadamente.

—¡¿Los hijos una obligación?! ¡Ahora sí que lo has arreglado! —exclamó, con un sonoro carcajeo.

Sentí vergüenza por haber pronunciado esa afirmación e intenté arreglarlo rápidamente.

—No quiero decir que los hijos sean una obligación, sino que hay que cuidarlos, educarlos...

—No te preocupes, entiendo lo que quieres decir —resolvió mi confuso alegato—, es normal que asocies responsabilidad con obligación, porque así nos lo han enseñado. Cuidar y educar a tus hijos es una responsabilidad, disfrutar con ellos y amarlos debería ser la obligación.

Validé su argumento asintiendo con la cabeza.

—Todo el que tiene hijos sabe lo rápido que crecen, cómo su infancia se esfuma casi sin enterarnos, y cómo vuelan del hogar para emprender su propio viaje antes de lo que imaginamos. Si encima nos perdemos esos años que compartimos unidos..., ¿qué nos queda?

»No hay amor comparable al que se le tiene a un hijo. Sin embargo, muchas veces nos preocupamos más de su seguridad que de su felicidad. Queremos que sean nuestra versión mejorada, que consigan todo aquello que nosotros no hicimos. Por eso su tutela la entendemos como una obligación, la obligación de que se conviertan en personas adultas de provecho. Son proyectos de futuro, y eso hace perdernos su presente.

Hizo una pausa, se sirvió un poco de zumo en un vaso, bebió un sorbo y, posteriormente, lanzó una pregunta.

—¿Sabes por qué los niños viven felices la mayor parte del tiempo?

Me encogí de hombros.

—Porque viven casi siempre en el presente —decretó—. Se enfadan y al rato está olvidado; lloran y en el siguiente momento están riendo; incluso, si te lo propones, a un niño puedes hacerle llorar y reír de forma simultánea. Ese don únicamente lo poseen los niños —señaló—. Se alimentan del presente, se ubican en el único tiempo que existe. Ellos no anhelan el pasado, no sienten nostalgia por otra época anterior, no se lamentan por lo que hicieron o no hicieron años atrás. Tampoco se preocupan por el futuro, solo miran hacia delante para recordar la fecha de su cumpleaños, porque nosotros les enseñamos que hacerse mayor es una meta deseada. Sin embargo, ellos no están preocupados por lo que pueda ocurrir en el futuro, no viven con miedo, no posponen continuamente los planes a un momento mejor que, por supuesto, nunca llega. Si a un niño le das a elegir entre jugar hoy o mañana, te dirá que hoy sin lugar a dudas. En cambio, si a un adulto le propones, por ejemplo, realizar un viaje ahora o más adelante, te contestará que mejor más adelante, que tiene que cuadrar vacaciones, hablarlo con la familia, ahorrar o esperar a que sus hijos crezcan. Los adultos siempre dejan las cosas para otro momento futuro que, por tanto, no existe.

»Los niños no entienden de promesas ficticias, a un niño no se le puede decir algo que no vayas a cumplir, no son como los adultos. No puedes decirle que un día lo vas a llevar al zoo o que le traerás un regalo, porque ellos lo esperan realmente y te lo recordarán si no lo haces. Desde su inocencia, no comprenden todavía que cuando los adultos dicen "algún día", generalmente, significa "nunca".

»Los adultos viven en un futuro irreal, para un niño todo termina hoy, algo se acaba y realmente es así, finaliza y no hay nada más. Ellos no conocen el rencor, una vez que perdonan lo olvidan realmente; tampoco atisban temor por lo que pueda ocurrir en un tiempo que no ha llegado, no se preocupan de forma sistemática por lo que todavía no ha sucedido. Por eso son felices, porque están donde deben estar: el presente.

»Un niño no puede estar cinco minutos sin hacer nada: "¿Qué hago ahora?" es su pregunta habitual. Terminan una actividad y ya están pensando qué acción nueva pueden emprender. Ese es el motivo por el que me encuentro feliz, porque me siento como un niño, con ilusión desde que empieza hasta que termina el día, en continua actividad, con ganas de exprimir cada minuto del fantástico presente que tengo —afirmó, extendiendo sus brazos en cruz, con un brillo en los ojos que, verdaderamente, exhibía credibilidad.

Volvió a hacer una pausa para sorber de su zumo. Se me ocurrían varias preguntas que hacerle, aunque no quería desviarlo, me gustaba el guion que esbozaba.

—En realidad, todo es más sencillo cuando eres consciente de que vas a morir —continuó exponiendo—. Cuando la muerte te ronda, las tonterías desaparecen, ya no te preocupas o te enfadas porque tu coche se ha estropeado, porque has tenido una bronca con el jefe en el trabajo o porque tu hijo ha sacado una mala nota en el colegio. Tu única preocupación es aprovechar el tiempo y tener el mayor número posible de momentos felices.

Apuró el zumo de un último trago y, con su mano, convirtió el vaso en una bola de plástico. Después, con un certero lanzamiento, lo coló en una papelera alejada varios metros de su posición.

—También podría haberme quedado sentado, viendo pasar los días, inmóvil, lamentándome de mi cruel destino, preguntándome «¿por qué yo?» y maldiciendo lo injusta que es la vida —prosiguió argumentando—. Es cierto que apenas he bebido alcohol, no he fumado, he practicado deporte desde niño y, sin embargo, he sido premiado con cáncer. ¡Tenía que ser así! No culpo a nada ni a nadie, lo asumo y acepto tal y como es. De nada sirve distorsionar la realidad, imaginarlo de otra manera, buscar responsables, cabrearme, tener resentimiento. Esto solo conduce a la depresión, a la infelicidad —zanjó.

»Una vez que superé la rabia inicial y decidí que tenía que vivir el tiempo que me quedaba, lo primero que hice fue dejar mi trabajo, el mismo que había desempeñado durante diecisiete años seguidos, de lunes a viernes, mañana y tarde. El trabajo que pensaba que era un abrigo y ahora sé que más bien era una soga que me ataba. Diecisiete años haciendo exactamente lo mismo cada día, esperando el fin de semana como un salvavidas en la rutina. Bueno, más bien el sábado, porque el domingo por la tarde ya no lo disfrutaba, pensando que pronto llegaría el lunes —corrigió—. A pesar de ello, estaba conforme, porque al menos tenía un trabajo, no importaba que no dispusiera de tiempo para mí y para los demás, tenía un trabajo que me proporcionaba dinero, lo mismo a lo que todo el mundo aspira, ¿verdad?

—Así es —confirmé.

—Si no te haces preguntas, la vida sigue su rumbo, con insatisfacción, pero cumpliendo la norma —indicó.

Una vez más, le otorgué la razón con un movimiento de cabeza.

—¿Quieres más café? —preguntó, al ver que posaba el vaso vacío sobre el pequeño mostrador que tenía frente a él.

—No, gracias —respondí—. Puedes continuar.

—¿Por dónde iba...? Ah, sí, ya lo recuerdo —pronunció, recuperando el hilo de la historia—, te contaba que dejé el trabajo porque ya no necesitaba ganar más dinero; al contrario, mi intención era gastarlo —bromeó—. Con los ahorros que tenía, me compré una autocaravana. Era pequeña, aunque suficiente para mí. Tenía lo mismo que la habitación de un hotel de cinco estrellas: un baño, una zona de estar, una cama y una pequeña cocina. No era tan bonita ni con la misma decoración, pero poseía los mismos elementos; lo único que se necesita para dormir, que al fin y al cabo es a lo que se va a un hotel, ¿o acaso te quedas todo el día en la habitación contemplando el mobiliario? En realidad, solo la usas para dormir, aunque el aliciente de ir a un hotel de lujo es poder contarlo y presumir de ello.

»Con mi casa ambulante salí a la carretera, no tenía un itinerario trazado, sabía dónde empezaba, no dónde acabaría ni tampoco cuándo. Al final, fue mucho más tiempo de lo esperado, no me imaginaba que se pudiera llegar tan lejos conduciendo, que existía tanto asfalto para cubrir todos los rincones del planeta.

Permanecía centrado en su discurso, absorbiendo con total atención todo lo que emitía.

—Las personas de mi entorno, que todavía no sabían que estaba enfermo, unánimemente pronunciaban lo mismo, como si estuvieran programadas para

164

decir las mismas frases ante una situación que no formaba parte de lo convencional: «¡Estás loco!», «¡cómo dejas tu trabajo!», «¿de qué vas a vivir?», «¿no te da miedo irte tú solo por ahí?». Ya ves, yo era el loco porque por fin iba a vivir realmente; sin embargo, cuando estaba encerrado en la misma oficina día y tarde..., entonces estaba cuerdo —comparó con ironía—. Por supuesto, mi médico fue el primer indignado, que no entendía cómo prefería descubrir mundo a mantenerme sujeto a una medicación, soportando vómitos y dolores. Recuerdo perfectamente la conversación mantenida en su consulta. «No puedes irte a ninguna parte, tienes que seguir el tratamiento», me dijo. «Lo seguiré si sirve de algo —repliqué—. ¿Me voy a curar?». Esa pregunta, tan directa, le incomodó, se puso nervioso. «No te vas a curar, pero puedes ganar algo de tiempo», me respondió. «¿Cuánto?». Su cara enrojeció, no era una pregunta fácil. «Puedes vivir un año, quizá un año y medio», concluyó, finalmente, con voz temblorosa.

»Esa afirmación del médico fue clave para decidirme; no estaba dispuesto a malgastar en un hospital el poco tiempo que me quedaba. Si no tenía curación, mi tiempo era oro.

Cogió un paquete de galletas de chocolate, del modesto surtido de productos que tenía expuesto, extrajo un puñado de ellas y me las entregó. No tenía hambre, así que me las guardé en el bolsillo. Después, de un mordisco llenó su boca con una galleta entera, repitiendo el proceso en tres ocasiones. Una vez que logró engullir el bocado, continuó el discurso.

—Como ves, te cuento mi historia con total naturalidad, y no lo hago para que me compadezcas, simplemente lo hago por si te puede servir de algo para cambiar, despertar o invertir tu vida. No esperes a estar al borde del abismo, hazlo ahora y pasa a la acción.

Esa última frase me hizo reaccionar, porque recordé que, hacía solo unos días, yo también estuve literalmente al borde del abismo, a punto de rendirme y buscar de forma voluntaria aquello que a este hombre le persigue irremediablemente. Estuve tentado de abrirme y compartir con él mi propia historia, aunque después de apreciar sus colmadas ganas de vivir, apurando al máximo un deseo desestimado, mientras que, paradójicamente, yo había equiparado la vida con un castigo hasta el punto de querer prescindir voluntariamente de ella, opté por obviarlo y dejé que él siguiera siendo el protagonista.

—Tienes razón, parece que solo reaccionamos cuando estamos en la cuerda floja —comenté.

—Así es —aseveró—. Muchas veces nos proponemos cambiar, usamos frases motivadoras, nos ponemos metas, nos prometemos hacerlo... Al final, seguimos siendo víctimas del sistema, de la rutina. Nos ponemos excusas y lo dejamos para otro momento mejor, sin ser conscientes de que no existen momentos mejores. Lamentablemente, la mayoría de las veces, solo cuando la vida te golpea con dureza, cuando algo drástico te sucede, solo entonces, llega el cambio.

Mantenía la cabeza baja, mirando al suelo. Estaba meditabundo escuchando a aquel hombre que me es-

166

taba enseñando la lección más básica de todas, pero que pocos conocen, la lección que ningún maestro me había brindado en la escuela.

—Las personas con las que hablo me ven como un enfermo terminal y, en realidad, así es —confesó—. Sin embargo, no son conscientes de que ellos también están enfermos, puesto que también van a morir. Lo ven como una realidad distante, piensan que falta mucho para ello, sin atisbar que la vida cambia de un día para otro, puedes morir con noventa y cinco años o mañana mismo. Por eso, no puedes vivir como si fueras eterno, posponiendo tus planes continuamente, pensando que en el futuro será mejor y más fácil. En primer lugar, porque el tiempo es limitado y, en segundo lugar, porque el futuro no existe.

»La reacción de la gente cuando me escucha es sentir lástima por mí, algunos incluso lloran. Entonces, les hago una pregunta: "¿Eres feliz?". Nadie me ha respondido directamente que sí, nadie. Algunos filosofan sobre qué es la felicidad, otros me dicen que a veces, y la mayoría admiten que no lo son. ¿Por qué me tienen lástima a mí y no a ellos mismos? —planteó retóricamente—. Yo sí puedo responder rápidamente y sin dudar que soy feliz. Por supuesto que tuve momentos en los que no lo fui, claro que tengo días mejores que otros. No obstante, estoy agradecido por encontrarme fuerte, con energía, y por haber tenido la oportunidad de realizar las cosas que no me atreví a hacer en el pasado, haber encauzado mi rumbo y disfrutado de mucho más tiempo de lo pronosticado. Haciendo un balance general, he gozado de una vida íntegra; incluso, cuando estaba sano, seguía muchas veces mis propias convicciones. Sin embargo, estos últimos años han sido increíbles: he amado como nunca, no solo a los seres queridos, también todo lo que de alguna manera interactúa conmigo; he viajado sin cesar, sin apenas equipaje, con lo realmente necesario, que es mucho menos de lo que pensaba años atrás; he reído y he llorado, a veces por el mismo motivo; he bailado sin complejos, a pesar de mi poca habilidad para el baile; he jugado con mi hija hasta hartarla; me he emocionado por cosas que antes ni siquiera había percibido; he aprendido mucho más que en los años anteriores, porque el aprendizaje, realmente, depende de tu motivación por descubrir —aclaró—; he dejado de perder el tiempo con gente negativa, aquellos que no solo no sueñan, sino que destruyen tus propios sueños, para dedicárselo a quienes me hacen sentir bien; he aprendido que muchas de las cosas que consideraba imprescindibles, realmente, no las necesitaba; he descubierto que para vivir hay que sentirse vivo.

»Todos estamos enfermos, no lo olvides —recordó, alzando su dedo índice—. Que no sepas cuándo vas a morir no cambia nada, vas a expirar igualmente, y lo único que te llevarás cuando te vayas será lo que hayas hecho en vida, nada más. Todos tenemos un tiempo que se agota, y el antídoto existente es aprovechar este tiempo al máximo. Por tanto, observa detenidamente cómo empleas tu tiempo y eso te indicará el grado de tu enfermedad.

Visto así como él lo explicaba, haciendo balance de cómo había invertido mi tiempo en los últimos años, no cabía duda de que era un auténtico enfermo.

—Nos han dicho muchas veces que el tabaco acorta la vida, aunque ningún médico ni anuncio nos habla de otra acción que también acorta la vida, como es dormir —expresó.

—¿Dormir? —cuestioné extrañado.

—En efecto, dormir acorta la vida —confirmó—. En una vida de ochenta años, ¿sabes la diferencia entre dormir siete horas o diez horas al día?

—No sé, no lo había pensado —indiqué.

—¡La diferencia son diez años de vida! —exclamó—. Sin embargo, creemos que dormir es saludable y, de hecho, lo es en su justa medida —aclaró—. No nos ponemos a pensar que dormir en exceso te resta muchos años, al igual que tampoco concebimos el tiempo que consume contemplar una pantalla, estar continuamente pendientes del teléfono, prestar atención a cosas superficiales y a gente que no nos importa, preocuparnos por sucesos que todavía no han ocurrido o, por el contrario, dedicarnos a recordar momentos dolorosos que ya no se pueden solucionar.

Una vez más, hice valoración del tiempo que podía haber perdido con muchas de las acciones enumeradas y, prácticamente, consumían la totalidad de las horas de cada día, a las que también debía añadir, en los últimos años, el tiempo que había desperdiciado vagando por los bares, bebiendo compulsivamente.

—Si minimizas todas esas pérdidas de tiempo, tu

vida será mucho más larga, independientemente de los años que tengas por delante —afirmó—. Si, en lugar de vivir con plenitud cinco horas reales al día, lo haces durante quince horas, estarás triplicando tu tiempo. De esta manera, con treinta años ya podrás decir que tienes la experiencia de muchas personas de noventa —matizó.

»Nos quejamos de que la vida es corta, y cuando la tenemos por delante no la aprovechamos. ¡Empieza hoy a vivir! —dijo con rostro serio—. Deja de ver problemas por todos lados, de quejarte continuamente, y sonríe. Sonríe porque estás aquí, porque tienes un día por delante para hacer lo que quieras y no puedes dejarlo pasar. La vida tiene obstáculos, pero no te la puedes perder, no has nacido para sufrir, estás aquí para ser feliz. Cuando te levantes cada mañana y digas: "¿Qué hago hoy..., me amargo o disfruto?", no lo dudes, elige la segunda opción. No importa que no todo vaya bien, al final siempre depende de cómo veas los hechos. Un suceso para ti puede ser dramático y para otra persona no tener importancia; incluso para ti mismo, según cómo te encuentres, puede ser un hecho negativo o un simple contratiempo. Un día malo lo tiene cualquiera, el segundo día... lo eliges tú —añadió.

»Recuerda que el único momento que existe es este, no esperes a otro tiempo ideal, forja tu futuro a partir del presente y no a la inversa —enunció—. Sobre todo, asegúrate de que estás viviendo tu propia película y no la de otros. De esta forma, cuando tu enfermedad llegue a su irremediable final, sabrás que te vas de este mundo con el trabajo hecho, sin remordimientos, por la puerta principal.

Tras el último mensaje, nos despedimos con un fuerte abrazo, seguramente para siempre, aunque sus palabras, su sonrisa y su sereno semblante nunca se irán, se quedarán guardados en mi memoria para reaparecer cuando los necesite.

Me fui de allí con un sabor agridulce. Por un lado, había aprendido otra magistral lección de vida, aunque pensaba en ese hombre con una vitalidad enorme, con unas ganas de vivir tremendas, que estaba allí solamente para ayudar a cualquier peregrino que pasara por su lado, sin pedir nada a cambio, contando su relato particular, desinteresadamente, para enseñar lo valiosa que es la vida, y personalmente me sentía avergonzado porque, apenas unos días atrás, despreciaba la propia vida, porque nunca había hecho nada por los demás, porque había sido, todo este tiempo, un insensato incapaz de apreciar lo que tenía.

«El presente es lo que importa», me dije a mí mismo, animándome.

En poco tiempo, llegué hasta la pequeña aldea de Santa Irene, a solo tres kilómetros de O Pedrouzo. Percibí que cada vez se me pasaban más rápido las jornadas y me costaba menos esfuerzo recorrer kilómetros. Tal vez fuera porque ahora disfrutaba del trayecto.

Santa Irene era una localidad muy pequeña, aunque tenía todo lo requerido para formar parte de una postal. En un entorno bucólico, se erigía una bonita capilla que destacaba entre los robles que la cortejaban y, al lado, había una fuente de piedra que contribuía a embellecer el paraje. Un peregrino se encontraba refrescándose con el agua de la fuente y otros dos aguardaban a que terminara, probablemente, para hacer lo mismo.

El primero de ellos, cuando acabó de lavarse la cara, me animó a probar el agua.

—Vamos, aprovecha y bebe agua. Es conocida como la «fuente de la eterna juventud» —reveló—. Así que, si quieres conservarte joven, ya sabes.

Hacía calor, por lo que no era un inconveniente cubrir mi rostro con un poco de agua fresca, al margen de los dudosos poderes atribuidos a la fuente.

Después de un dilatado trago, empapé mi cara con abundante agua y, «rejuvenecido», continué el corto recorrido que me separaba de mi siguiente parada: la última.

Capítulo XII

DÍA 7

Apenas había podido dormir durante toda la noche, como un niño que se va de excursión al día siguiente; me desvelé repetidas veces, examinando el reloj cada vez que abría un ojo, hasta que, finalmente, a las seis de la mañana me puse en pie.

No era el único que estaba intranquilo. El resto de los peregrinos, respetando el descanso de los demás, se movían sigilosamente, preparándose para el último tramo..., el fin del Camino.

Se trataba de una etapa corta, apenas veinte kilómetros. No había necesidad de comenzar tan temprano, pero la ilusión de la meta me animaba a partir sin demora.

Pensamientos contradictorios me asediaban; por un lado, quería experimentar la sensación de culminar la andadura, completar el objetivo final. En cambio, me inquietaba terminar y no saber qué empezaría después.

Comencé a andar rodeado de multitud de peregrinos. Los distintos caminos que conducían a Santiago ya se habían juntado y se notaba la afluencia humana.

El carácter de cada persona quedaba patente en esta etapa. Estaban los que ansiaban llegar, con paso ligero avanzaban sin pausa, impacientes, dejando atrás solamente sus huellas; de otra parte, se encontraban los que saboreaban el Camino, le dedicaban su atención con entusiasmo, aunque también con pena, porque el viaje se acababa.

Ese constituía mi sentir: entusiasmo por lograr mi propósito y pena porque estos preciosos bosques serían recorridos por última vez, porque la senda que me había acompañado, durante varios días, dejaría de ser transitada y solo quedaría el recuerdo de lo que había visto, oído y sentido durante este periplo. Por eso, no quería perderme este día; por eso, no tenía prisa.

Atravesé un tramo boscoso de especial belleza, con una maraña de ramas que se entrelazaban encapotando el trazado, como si alguien hubiera colocado cada rama, de forma intencionada, para crear una pasarela natural que proporcionara un sombrío paseo, donde solo había espacio para algunos destellos solares que se introducían entre las hojas, de manera que se podía discernir cada rayo de luz de forma aislada.

Recorridos unos kilómetros, atravesé una pequeña aldea, donde reclamó mi atención una vieja casa, cuya fachada estaba completamente cubierta por un texto que rezaba: «Sé siempre tú mismo».

Bonito a primera vista, aunque engañoso el mensaje. Ahora, podía dar gracias por no ser yo mismo, el de antes. Podía agradecer que, en este instante, fuera una nueva persona.

Creer que lo ideal es ser siempre tú mismo puede llevarte a desechar el cambio, a no perseguir ser mucho mejor de lo que eres.

Repasé, mentalmente, a todos los «maestros» con los que me había cruzado en el Camino, evidenciando cómo el cambio fue lo que salvó su vida, al igual que la mía.

He aprendido que solo se necesita un día para comenzar, y hoy es el mejor día para hacerlo. No hace falta prepararse, no es necesario esperar, el tiempo no cambia nada, no se puede alcanzar la vida deseada tendido en el sofá, únicamente la acción promueve el cambio.

Esos «maestros» me enseñaron que se puede superar el dolor, que la vida es sufrimiento, pero también alegría, ilusión, pasión..., belleza.

Por mi cabeza ya no pasaba abandonar, se esfumó la idea de rendirme, solamente pensaba en continuar, ahora hasta Santiago; después no podía vaticinarlo, aunque tampoco me asustaba.

Tenía tantos planes en la cabeza que no sabía por dónde empezar. Sin embargo, a diferencia de días atrás, no me angustiaba crear mentalmente mi nueva vida, no temía enfrentarme a la realidad, quería recuperar el tiempo que había derrochado, deseaba luchar por las causas que creía perdidas y, en realidad, solo las había dejado abandonadas.

Empecé a imaginar un viaje por toda Europa, recorriendo las principales capitales de punta a punta. Quizá, efectuarlo en tren sería una buena opción, sin billetes reservados, para poder decidir en cada momento adónde ir, eligiendo sobre la marcha, improvisando en función de lo que me apeteciera en cada momento, viajando con una liviana mochila, portando lo justo, sin cargas innecesarias. Acompañado de mi hijo Andrés y, por qué no, tal vez Martina también quiera unirse a la expedición. Los tres juntos añadiendo kilómetros a los zapatos, impregnándonos de la belleza que invade nuestro mundo.

«Aquí, Marcos, regresa aquí», me repetí tan pronto como fui consciente de que me encontraba en el futuro. La impaciencia de vivir agitaba mi mente con un torbellino de propósitos por delante. No obstante, ahora mi vida estaba aquí, entre O Pedrouzo y Santiago. No debía anticiparme, deseaba mantenerme presente para exprimir al máximo mi último eslabón de esta travesía. Tiempo habría para planificar..., o quizá no, mejor una vida carente de planes, día a día, momento a momento.

Prosiguiendo el poblado sendero, me detuve a la orilla del conocido arroyo de Lavacolla, lugar donde, antiguamente, peregrinos procedentes de todas partes lavaban su cuerpo ante la inminente llegada a Santiago. El arroyo estaba rodeado de árboles en los que habían colocado zapatillas colgadas, notas con dedicatorias, fotografías de seres queridos que fallecieron, y también había muchas cruces realizadas con dos palos de madera cruzados y unidos con coloridas cuerdas, que estaban colocadas por todo el enclave.

Me humedecí la cara con la fresca agua del arroyo y avancé por una empinada cuesta. Solo quedaban diez kilómetros para llegar, aunque la rodilla derecha me avisaba con dolorosas punzadas de que necesitaba

176

un descanso. Obviando las molestias, continué progresando, haciendo valer el lema de muchas camisetas que se vendían como souvenir a lo largo del Camino: «El dolor solo es temporal».

Por pista asfaltada, me enfrenté a los últimos metros de ascenso, pasando por una urbanización con imponentes casas y lujosos chalets, la antesala del Monte do Gozo, que estaba muy próximo. Pude divisar, a lo lejos, la colina con el monumento conmemorativo a la visita que Juan Pablo II realizó a Santiago.

Me encaramé hacia lo alto del Monte do Gozo, lugar cuyo nombre hace honor al «gozo» que sentían los peregrinos al poder divisar desde allí las torres de la catedral de Santiago.

En este punto se notaba un ambiente de júbilo, de alegría. Eran muchos los grupos existentes que merodeaban por este lugar, coronado por la pequeña capilla de San Marcos.

Santiago de Compostela estaba cerca, aunque podía esperar. Decidí realizar un descanso y descargué mi mochila, posándola junto a la capilla. Curioseé dentro y comprobé que estaban celebrando una misa. Un sacerdote, sermoneando en italiano, dirigía la ceremonia mientras varios fieles atendían la oración, intercalando canciones a modo de coro, mezclando varias voces. La resonancia del pequeño habitáculo hacía que se amplificara el sonido, resultando muy armonioso.

En el exterior, el flujo de peregrinos continuaba creciendo, fusionándose con los que ya estaban previamente. Al parecer, el Monte do Gozo constituía un

177

lugar de parada para recuperar energía y afrontar los últimos kilómetros con ánimo.

Compré un botellín de agua en un quiosco y me senté para ingerirlo sosegadamente.

¡Qué bien me encontraba! Realmente, no me lo podía creer, ¿cómo era posible que, en estos momentos, tuviera tanta fuerza, tanta energía y tantas ganas de vivir, cuando hace una semana era justo lo contrario? ¿Cómo podían siete días haber sanado mi vida?

Con las veces que me había repetido «yo soy así y no puedo cambiar», «cada uno es como es»... Ahora sabía que cambiar es posible, que no importa lo que haya sucedido anteriormente, el cambio depende de uno mismo y, realmente, está en nuestro interior lograrlo. Siete días habían hecho falta para poner mi vida del revés y un solo día para empezar de nuevo; «hoy he perdido el miedo a vivir». En el olvido encerré la idea de dejar este mundo voluntariamente. «Me quedaré hasta que sea inevitable, para interpretar mi mejor papel».

Retomé la marcha, solo quedaban cinco kilómetros para terminar el Camino. Percibí que estaba acelerando el paso, producto de la excitación. Tan pronto como me di cuenta, disminuí el ritmo. Quería que estos cinco kilómetros fueran inmortales en mi memoria.

Mantuve la mirada al frente y procuré dejar mi mente paralizada, que fueran solo mis sentidos quienes interviniesen, avanzando, ahora sí, lentamente. El último tramo no era especialmente bello, al atravesar zonas industriales. Poco importaba, el premio final estaba cerca.

Poco a poco, me acercaba al casco histórico de Santiago. Discurriendo por sus calles empedradas, iba siguiendo las flechas amarillas que habían sido mis guías estos días. Al doblar la esquina, llegué hasta la rúa de San Pedro. Desde aquí, se divisaba perfectamente la catedral de Santiago, que cada vez estaba más adyacente.

Mi ritmo cardiaco se aceleraba, estaba nervioso porque apenas quedaban metros para llegar. Continué por la porta do Camiño y, justo después, la praza da Inmaculada, como último peldaño hasta la meta. Un escalofrío recorrió mi cuerpo, mis manos estaban congeladas y sentía una emoción enorme. Levanté la cabeza, una mirada rápida a las torres de la catedral y seguí hacia delante, cruzando un angosto y lúgubre túnel. La música de un gaitero me recibió a mi paso, los últimos pasos. Cerré los ojos y di mentalmente las gracias por estar aquí. Cuando volví a abrirlos ya no había oscuridad, solo luz, belleza y emoción.

Estaba en la praza do Obradoiro. Avancé hasta su centro y me detuve en el medio. Giré alrededor de mi cuerpo con un recorrido visual de cada lado de la plaza, hasta que mis ojos llegaron a la catedral de Santiago. Mi garganta se encogió y las lágrimas resbalaron apresuradamente. Me arrodillé en el suelo, intenté dar un grito de satisfacción, pero mi voz no respondió, solo conseguí llorar.

Y regresó a mí, la volví a sentir y reconocí que se trataba de ella. En ese instante, debatiéndome entre reír de alegría y llorar de alegría, conseguí recordar su nombre: «felicidad».

Capítulo XIII

EL INICIO

—Como dijo el Dr. Seuss: «No llores porque ya se terminó..., sonríe porque sucedió» —escuché una voz justo detrás de mí.

Cuando me giré para ver de quién se trataba, observé su cara sonriente... ¡Era Samin! Con un instintivo impulso, lo abracé muy fuerte, incrementando bruscamente el llanto.

—Gracias —le susurré repetidas veces al oído.

—¿Gracias? ¿Por qué? —cuestionó Samin.

—Gracias por haberme enseñado todos esos secretos.

—No te he enseñado ningún secreto —admitió, sonriendo—. Todo lo que te he mostrado es de dominio público: este Camino lleva aquí muchos siglos, disponible para todo aquel que quiera transitarlo; todos los días el sol sale por el este y se esconde por el oeste; las flores siempre han sido igual de preciosas y las montañas o las estrellas nos vigilan a diario desde lo alto. Todo esto son obviedades, aunque tienes razón, puesto que, a pesar de estar al alcance de cualquiera, constituyen un auténtico secreto, ya que son pocos los que perciben y saborean la belleza del mundo.

Estaba muy emocionado y mi llanto, lejos de cesar, era cada vez más intenso, hasta el punto de costarme pronunciar las palabras.

—¿Y qué me dices de las increíbles personas que he conocido? Gracias por haberlas puesto a mi paso —volví a agradecer.

—Igualmente, esas personas siempre han estado ahí, en realidad, están por todas partes, solo que tú no podías verlas porque tenías los ojos cerrados —expresó—. Solo te he ayudado a despertar e iluminar la tiniebla en la que te hallabas. El resto lo has logrado tú.

—Lo más fascinante de las personas que conocí es que son felices —indiqué—. Han tenido o tienen problemas personales o de salud, han sufrido pérdidas, dolor y duros golpes. Sin embargo, aceptan su destino y llenan de felicidad su vida y la de las personas que tocan.

—Porque la infelicidad o felicidad la creas tú, con independencia de las circunstancias —reveló Samin—. Por eso, encontrarás personas que, aparentemente, tienen «poco» y son felices, mientras otras tienen «mucho» y se sienten desdichadas. Es nuestra forma de medir lo que hace que, equivocadamente, pensemos que hay personas que tienen más que otras, porque contabilizamos solo algunos aspectos genéricos como el dinero, la salud o el amor. Pero si entramos en detalles, ¿qué tipo de amor...?, ¿amor real o de conveniencia?, ¿amor o adaptación?; en cuanto al dinero, ¿qué es lo que realmente me aporta...?, ¿lo que necesito?, ¿o siempre voy buscando conseguir lo que no tengo y cuando lo logro pierde su valor?; y si hablamos de salud, ¿qué pasa con la salud mental...?, ¿tenemos la mente equilibrada?, ¿canalizamos las emociones?, ¿ponemos coto al estrés y la ansiedad?, ¿o simplemente llamamos estar sanos a tener el colesterol y los triglicéridos en orden?

»Por este motivo, encontrarás a gente que, supuestamente, teniendo salud, dinero y amor no son felices, porque para ser feliz primero tienes que querer serlo y, segundo, tienes que ser agradecido —terminó.

—¡Cierto! —prorrumpí seguidamente—. Esa es una de las cosas que más me han llamado la atención de estas personas que he conocido: a pesar de las adversidades, son agradecidas, dan gracias por lo que tienen y valoran cada cosa que integra su vida por pequeña que sea.

—La gratitud es la única vía que conduce a la felicidad —afirmó—. Puedes poseer abundancia a raudales, que si no eres capaz de apreciar esta abundancia y valorarla, no servirá de nada, tu vida estará vacía. Solo aquellos que agradecen lo que tienen son también agraciados.

Las lágrimas ya habían cesado, aunque seguía muy emocionado; la llegada a la praza do Obradoiro y el encuentro con Samin habían constituido un final de trayecto sublime.

—¡Ha sido increíble! —admití eufórico—. Todavía no puedo creer que, en solo unos días, mi perspectiva haya cambiado de forma tan drástica. ¿Cómo podía pensar hace una semana que el mundo es un lugar horroroso e inhóspito y ahora, en cambio, amar este mismo mundo? —planteé—. No sé cómo explicarlo, pero no me reconozco, soy otra persona, siento que me he curado milagrosamente de una enfermedad terminal —concluí.

—En realidad, así es, has curado tu vida —confirmó Samin—. Por eso, disfruta de este momento y vamos a celebrarlo, te lo mereces —añadió, propinando una fuerte palmada en mi espalda—. Te invito a la mejor empanada de zamburiñas de la ciudad, acompañada de un fantástico vino blanco.

Fuimos a una pequeña taberna en el centro de Santiago. Estaba colmada de gente y nos conformamos con un pequeño hueco en la barra. El camarero, con una soberbia destreza ejerciendo su trabajo, despachaba empanadas a todas las mesas con celeridad, sin olvidarse de ningún rincón. Nada más tomar el primer bocado, advertí que estaba degustando la mejor empanada que había probado en mi vida.

Samin levantó su copa de vino y propuso un brindis por «mi nacimiento», un nuevo inicio que empezaba hoy.

«Hoy» surgió de forma inquietante en mi cabeza. Hasta este momento, con la ilusión de llegar a Santiago, no había sido consciente de que esta mágica travesía, realmente, llegaba a su fin.

—¿Y ahora qué? —pregunté—. ¿Cuál es mi destino, una vez terminado el Camino?

—Ahora empieza tu verdadero camino, el tuyo —respondió Samin—. Solo hay una diferencia esen-

184

cial con el Camino de Santiago: tu propio camino no está guiado por flechas, tendrás que ser tú mismo el que escoja, en cada momento, la dirección correcta. Encontrarás muchas bifurcaciones que pondrán a prueba tu orientación, pero debes ser avispado y avanzar hacia tus sueños y propósitos. Que nunca falten metas en el horizonte, aunque recuerda avanzar paso a paso, sin prisa, saboreando la senda, no persigas únicamente la meta, sino el placer de llegar hasta ella o hasta donde esta te lleve, ya que, muchas veces, la persecución de una meta solo es el vehículo hacia otra oportunidad de elegir.

Después de siete días, en los que había vivido más que en cuarenta y un años, sabía que hoy era el momento. Con cierta incertidumbre, sobrepasada por la ilusión, había llegado el día en el que debía ser como el agua del río, que vence todos los obstáculos a su paso para continuar su curso; como el pájaro que canta tranquilo en su rama, sin alterarse por la tormenta; como la hiedra que trepa hacia la cima; como las piedras que decoran el camino: diferente y único; como el sol que llena de luz a las personas que rodea; como el árbol que resiste las embestidas del viento; como el ciego que es capaz de andar en medio de la oscuridad; como el enfermo que goza de salud; como Martina, que se levanta victoriosa de la caída... «Hoy soy el perdedor que aprendió a ganar».

—¡Estaba tan equivocado! —prorrumpí impetuosamente—. Pensaba que triunfar era otra cosa: obtener méritos académicos, progresar en el trabajo. Eso

185

era para mí ser un triunfador. Ahora comprendo que el éxito radica en cosas mucho más simples.

—El triunfo no está en las aspiraciones profesionales, sino en las relaciones personales —apuntó Samin.

Golpeé la mesa con el puño, moviendo mi cabeza agitadamente, de arriba abajo, para otorgarle toda la razón.

—Creía que un gran empresario con dinero, posesiones y popularidad es un auténtico modelo a seguir —expresé—. Me doy cuenta del error, porque la mayor triunfadora que he conocido no fue nunca a la universidad, no tuvo un trabajo remunerado y vivió de forma humilde —dije con mi garganta anudada—. No ganó grandes fortunas ni acumuló bienes materiales, lo que ella hizo fue mucho más que todo eso: crio a sus tres hijos con cariño, entregó más de lo que tenía, regaló su tiempo a los demás y dejó un legado de amor a su paso, que inundó de lágrimas su funeral. ¡Mi madre fue una verdadera triunfadora! —finalicé sollozando.

Samin me abrazó fuerte. Durante varios segundos me sostuvo entre sus brazos, sin decir nada; no eran necesarias las palabras para percibir que se sentía satisfecho, orgulloso de mí.

—Lo has comprendido, Marcos —expuso Samin, todavía agarrado a mí—. El amor es la única fuerza que mueve el mundo —indicó, cogiéndome de los hombros—. A la gente le da vergüenza hablar de amor, no entienden que esa fuerza está por todos lados —añadió—. Confunden el significado de la palabra, porque nos han enseñado que amor es deseo hacia otra perso-

186

na, atracción, unión sexual. No nos han explicado que el amor es mucho más que eso, es un sentimiento integral, un poder infinito que empieza por nosotros mismos y se extiende hacia todo lo que nos rodea.

»Ya lo dijeron The Beatles en su canción "All You Need Is Love". En realidad, es todo lo que necesitamos. La equivocación radica en pensar que necesitamos recibirlo, no somos conscientes de que, verdaderamente, lo que precisamos es dar amor, emanarlo de dentro y repartirlo por todas partes.

»El antropólogo Marcel Mauss escribió *Ensayo sobre el don*. En su obra, Mauss determina que en las relaciones e intercambios sociales siempre se producen tres acciones: dar, recibir y devolver. El "don" lo interpreta como un regalo, siendo el que entrega el regalo y el que recibe el regalo las otras dos variables de la ecuación. Cuando haces un regalo, en principio, tiene un carácter voluntario para la persona que lo entrega. No obstante, sin ser conscientes de ello, estamos contrayendo una deuda con el receptor, porque cuando alguien recibe un regalo se ve en la obligación moral de devolverlo. Por eso, basándonos en esta teoría, cuanto más amor des de forma gratuita, sorprendentemente, más amor recibirás en tu vida. Tienes que amar a las personas que son importantes para ti, la gente con la que interactúas, amar el trabajo que desempeñas, los bienes que posees, las maravillas que el mundo te ofrece y, sobre todo, amarte a ti mismo.

»El amor se puede vestir de afecto, reconocimiento, palabras, acciones, sonrisas, cariño... Esto es lo que debes regalar cada día, aunque es muy importante hacerlo sin esperar nada a cambio —incidió—, porque cuando esperas una respuesta o contraprestación, habrá ciertas ocasiones en las que no serás correspondido y, en consecuencia, te frustrarás. En cambio, si regalas de forma voluntaria, incondicionalmente y desde el corazón, en el devenir de los años recibirás tanto amor como des, ten la certeza de que será así.

Salimos de la pequeña taberna y paseamos por las abarrotadas calles del centro histórico de Santiago. Solo transitar por esta ciudad constituía una delicia, ya que emanaba actividad por todos sus rincones y poseía un encanto especial, más aún con el ambiente peregrino existente. Únicamente había que perderse, elegir una calle cualquiera, para aparecer en una preciosa plaza, una iglesia, otra calle aún más bonita que la anterior.

Estaba muy contento y tranquilo; experimentaba el simple placer de callejear sin rumbo, con la agradable compañía de Samin.

Inevitablemente, pensé en ello. No solo me entristecía el fin del Camino, también separarme de Samin, la persona que salvó mi vida y me enseñó su valor. Formulé la temida pregunta, aunque presagiaba la respuesta.

—¿Te marcharás hoy?

—Sí, me marcharé —repuso Samin—. Ya no me necesitas —añadió, mostrando un gesto risueño.

Lo que habría significado mi vida de no haberme cruzado con Samin, unos días atrás, era evidente, sencillamente no existiría. Tal y como me había explicado antes con el ejemplo del «don», lo que había hecho por mí, sin duda, había sido «regalar gratuitamente sin esperar nada a cambio»..., y no un regalo cualquiera.

—No quiero que te vayas —le confesé.

—Solo me voy físicamente —dijo—. Cuando quieras verme, solo tienes que pensar en mí.

—Nunca te olvidaré.

—Mientras me recuerdes, seguiré contigo —indicó.

Inesperadamente, Samin detuvo su marcha, oteó el entorno, fijándose en el nombre de una calle, y cruzó la calzada para proseguir en esa dirección. Caminamos unos doscientos metros y, de nuevo, volvió a detenerse en el cruce; parecía estar buscando un sitio en concreto.

—¿Adónde vamos? —pregunté.

—Antes de despedirnos, queda una última cosa pendiente.

Samin, una vez escogida la calle, avanzó rápidamente, con la cabeza erguida, observando con atención el recorrido a seguir.

—¿De qué se trata? —pregunté, acelerando el paso para llegar hasta donde se encontraba.

—Es una sorpresa —respondió, sin apenas hacerme caso.

Ascendimos la empinada calle y, al llegar al final, giramos hacia la izquierda, hasta llegar a un pequeño portal.

—Ya hemos llegado —pronunció Samin.

—¡¿Taller de tatuajes?! —clamé, totalmente extrañado, al descubrir el letrero que se encontraba en la parte superior.

Samin soltó una carcajada, divirtiéndose con mi cara de asombro.

—Entra conmigo y no te preocupes —alegó Samin.

—Primero, explícame de qué se trata —insistí.

Por alguna razón que todavía desconocía, Samin, tan misterioso como de costumbre, no quería desvelar qué hacíamos allí.

—Si has sido capaz de llegar hasta Santiago, supongo que podrás confiar una vez más en mí —dijo, esbozando una sonrisa.

Ese argumento no podía rebatirlo. Después de todo lo que había hecho por mí, por supuesto, no había motivo para dudar de él, así que, sin hacer más preguntas, accedí al comercio junto a él, dispuesto a aceptar lo que me deparara la visita.

Pasada una hora, aproximadamente, la sorpresa ya estaba consumada.

—¿Te gusta? —preguntó el «tatuador», una vez finalizado su trabajo.

—Me encanta —respondí.

Sobre el dedo pulgar de mi mano derecha, había tatuado una pequeña flecha, como las típicas del Camino de Santiago, apuntando hacia el frente.

Una pequeña flecha que, en realidad, era enorme, porque solo con mirarla acertaba a divisar la dirección a seguir. Un pequeño emblema que respiraba victoria y superación, que me transportaba al lugar adecuado y me invitaba a seguir.

Una flecha que me recordaba que la vida debe ser como el Camino: una sorpresa. A veces con rectas, otras con curvas; empinados trayectos o suaves llanuras; bellos parajes para disfrutar e inhóspitos lugares para aprender; etapas cómodas y etapas abruptas; momentos plácidos y momentos difíciles; personas que te acompañarán y otras que se perderán; senderos despejados y otros con obstáculos; continuas bifurcaciones para decidir; en ocasiones, caminando con energía y entusiasmo, otras sin fuerzas ni ánimo; un camino de riesgo, de aventura y exploración; un camino de lágrimas y sonrisas.

Es el camino, hay que vivirlo; es la vida, hay que caminarla.

Ese fue el último regalo desinteresado que Samin me hizo antes de despedirnos. Desde entonces, cada vez que me siento débil, que las cosas no van como esperaba, que encuentro obstáculos a mi paso y las fuerzas flaquean, observo con detenimiento esta flecha insertada en mi pulgar, reafirmo la dirección de su punta, y eso es todo lo que necesito saber: «Hacia delante, Marcos, siempre hacia delante».

Capítulo XIV

Esta es la historia de Marcos, mi padre, los hechos que cambiaron su vida y la mía, el relato que me contó y he plasmado fielmente.

Después de recorrer el Camino de Santiago, transitó su propio camino en busca de aquello que siempre había tenido y, equivocadamente, creía perdido.

Cuando nos reencontramos, se quedó inmóvil al verme. Portaba un regalo en sus manos, que se le resbaló entre los dedos y cayó al suelo. No se agachó para recogerlo, no abrió los labios para saludar, no movió ni un solo músculo, solo me miró fijamente.

En un primer instante, no reconocí a aquel hombre que se encontraba delante de mí. Yo tenía siete años, y llevaba más de tres sin su presencia, demasiado tiempo para la memoria de un niño.

En el cajón de mi mesita había guardado, durante los años de ausencia, una foto suya de carnet que, en ciertas ocasiones, contemplaba con nostalgia. La imagen de esa foto fue la que me hizo evocar su rostro y poder identificarlo.

Atrás quedaron las broncas, los desprecios, las mentiras, los desplantes, las decepciones. Cuando por fin adiviné de quién se trataba, me abalancé sobre él, amarrándolo por la cintura con toda la fuerza que tenía.

«No era tan difícil», susurró. Empujó mi cabeza contra su abdomen y besó mi cabello. Todavía recuerdo las palabras que pronunció: «Andrés, hijo mío, perdóname. He vuelto para ser tu verdadero padre».

Eso es lo que ha sido todos estos años: un padre verdadero, que me enseñó a valorar lo esencial; que los errores pueden ser tus mejores maestros, si aprendes la lección; que la pérdida siempre es parcial y el éxito, relativo; que hay momentos que no son solo momentos y, si te los pierdes, no regresan; que si quieres a alguien tienes que decírselo; que una meta, si realmente crees que es posible, la puedes conseguir; que temer el avance del tiempo y a la vez malgastarlo es incongruente; que la suerte no hay que esperarla, sino buscarla; que existir no es lo mismo que vivir; que nadie es más que nadie, aunque tampoco menos; que si no haces nada, nada sucede; que en la vida, unas veces, ocurre lo que quieres y, otras veces, lo que conviene; que un ganador no siempre gana, aunque siempre piensa en ganar y, sobre todo, que rendirse es peor que fracasar en el intento.

También me enseñó a reprogramar mi mente, a vaciarla del estéril contenido acumulado y cambiar la forma de pensar. «Pasado para evocar los buenos momentos, futuro para ilusionarte y presente para vivir», solía decirme.

Trabajó duro para conseguir sus sueños, muchas veces con obstáculos, pero siempre hacia delante, como las flechas del Camino.

Este homenaje es para mi padre, un guerrero que transformó su vida; el hombre que tenía miedo a vivir, y vivió.

Con esfuerzo, consiguió levantar su maltrecha empresa, solventó las deudas y, en pocos años, aumentó la producción, alcanzando las cifras de sus mejores tiempos. Con orgullo, pudo brindarle a mi abuelo, a su padre, la satisfacción de recuperar el negocio familiar y devolverlo a su justo lugar.

Aun así, siempre me advirtió que el trabajo solo es una pequeña parte del éxito y debe tener el espacio que merece, ni más ni menos.

«Las personas son lo importante, no las cosas», me inculcó. Conforme con ello, recuperó a aquellas que había fallado, lastimado con sus actos y apartado de su lado. Admitió sus errores, reconoció su culpa y pidió perdón uno a uno. Primero a mí, después a mi abuelo y, por último, a mi madre. Con ella no regresó sentimentalmente, ya que el tiempo y el dolor desgastaron la pasión que un día existió entre ellos, y mi madre había rehecho su vida con otro hombre. No obstante, consiguió demostrarle la confianza suficiente para compartir mi custodia y mantener una cordial relación. Ahora, puedo disfrutar no solo de una, sino de dos madres: la biológica y Martina, que pasó a formar parte de mi familia.

Siete días que decidieron el devenir de mi historia, siete días que lograron completar mi existencia y compartirla con él. Un padre y un hijo unidos durante muchos años, hasta que el camino de la vida nos separó. Aunque he comprendido que no es el final; la muerte está conectada a la vida... Nadie se va para siempre, las personas que amas permanecen, eternas, en el corazón.

¿Qué fue de Samin? ¿Volvió a verlo? Mi padre nunca desveló la incógnita; siempre que le preguntaba, esquivaba dar explicaciones y atajaba el tema de forma escueta, diciendo que no volvió a saber más de él aunque, francamente, dudo si realmente existió o solo fue el maestro imaginario que buscamos fuera y, por lo general, albergamos en nuestro interior.

Termino estas líneas donde empezó todo, buscando una flecha amarilla que me señale el sendero, aguardando a mi propio Samin, que puede estar en cualquier parte para indicarme la dirección correcta y evitar que me desvíe.

Emocionado, contemplo las montañas verdes que envuelven la mágica O Cebreiro, de la manera en que mi padre me enseñó, pausadamente, reconociendo cada rincón, cada detalle, respirando el instante.

De pie, con las nubes mirándome desde abajo, o «en el cielo», como diría mi padre, con ambos brazos levanto lo que, materialmente, me queda de él. Agito con fuerza el recipiente y arrojo sus cenizas, observando cómo el viento las desvanece y funde con la niebla. Aguardo hasta que el último rastro se esfuma. Una lágrima intenta perseguirlas y las acompaña en el viaje, quizá sea la última. Desaparece de mi vista, no queda nada en el aire, sí en mi interior.

Secándome los ojos con la manga de la camiseta, regreso a la senda. Santiago de Compostela me espera, aunque no hay prisa. Gracias a ti, lo sé.

«Buen camino, papá».

**Espero que encuentres tu flecha
interior y camines tu vida…**

➤

¡HACIA DELANTE!

GRACIAS por tu confianza
GRACIAS por llegar hasta el final
GRACIAS por aparecer en mi «camino»

Si deseas contactar conmigo, será un verdadero placer
escucharte y estaré encantado de atenderte:

🌐 miguelangelmontero.com

✉ contacto@miguelangelmontero.com

📷 @miguel.angel.montero

f miguelangelmonteroescritor